行旅，在深邃亞細亞。

穿越國境，一萬五千公里的孤獨歸旅

鐘偉倫 著

推薦序

旅行是為人生找定義

公益旅行家　褚士瑩

我從來沒有聽過真正的旅行者之間，有這樣的對話：

「我去過十九個國家。你去過幾個？」

「我去過二十個。我贏了！耶！」

會比較去過多少國家斷輸贏的，通常是不怎麼懂旅行的人。

連旅行都要競爭，看誰的預算越低，去的國家越多，行李越輕，機票越便宜，購物越上手，就越「厲害」，這樣的旅行者，是沒有旅行魂的。

一個沒有旅行魂的人生，總在無止境的競賽場上，計較結果究竟是輸還是贏。輸了當然痛苦，但贏了也不開心，因為沒有人比冠軍更擔心下次不能繼續連勝。無論輸贏比數如何，競逐到最後，下場終要落得一死，總的來說，無論累積多少場競賽的成功人生，都無法交換生命最終的失敗。

但是一個有旅行魂的人，雖然同樣在競賽場上，卻知道如何優雅地被超越。

就像耶魯大學畢業的美國人傑夫在三十歲時知道如何放下紐約副社長的高職，去日本鹿兒島當定置網漁師。所以五十歲的時候，他在當地集落成了村長，知道如何幫助一個山裡的沒落小村村民的心願，優雅地在地圖上消失。

我希望自己也能成為這樣的人。

美國火車旅行家保羅·索魯（Paul Theroux）在他一本叫做《旅行之「道」：旅途生活中得到的證悟》裡面說的：「之於我而言，對旅行的渴望定義了『人』之所以為人的原因：對移動的欲望，對好奇心的滿足，不再如此恐懼，改變人生的現狀，去當一個陌生人，去結交朋友，去體驗未知的地貌，對未知願意冒險。」（"The wish to travel seems to me characteristically human: the desire to move, to satisfy your curiosity or ease your fears, to change the circumstances of your life, to be a stranger, to make a friend, to experience an exotic landscape, to risk the unknown."）

從頭到尾，保羅·索魯沒有說到要「贏」。任何形式的勝利，都不在旅行者的規劃之中。鐘偉倫在他筆下的亞細亞旅行，也這麼一點一滴的，定義了自己的人生。

推薦序

走進，陌生的亞洲

旅行寫作人，來自香港　林輝

讀偉倫寫亞洲諸國，感覺格外親切。這本書內提到的國家，我幾乎全都去過；而我同樣認為，南亞和東南亞是許多台灣和香港人常錯過的珍寶。也許因為距離太近，使我們以為沒有甚麼值得細看的東西；然而這個亞細亞，實際上卻有著旅行者所追求的一切元素，廉宜、友善、美麗，更如偉倫所形容的深邃，毫無疑問是個旅行者的寶藏。

香港人愛日本韓國台灣，除此之外，東南亞中最常去的就只有泰國曼谷；大學生畢業旅行，十之七八會花盡積蓄去兩個星期歐洲，可是那筆錢其實足夠在東南亞浮遊數月。有美食有美景，有友善親切的人，有深厚的歷史和多元的文化，也有漂亮的自然風光和宏偉的古建築；真懂旅行的人，不可能錯過亞洲。

無論是台灣還是香港，我們都常說要培養國際視野；可是提到國際，多數都只想到西歐和美國，「亞洲」反而是個陌生的存在，甚至常被我們瞧不起。在香港，南亞裔的人士常受歧視，一般人也不懂分別印度和巴基斯坦；來自菲律賓和印尼的家傭人數雖眾，在社會上卻仿似透明。說去這些地方旅行，旁人多會嗤之以鼻，或是大呼「落後」或「危險」；女孩子要去印度旅行，則一定會被恐嚇說「小心被人強姦」，即使說這話的人其實未去過印度也對印度毫無認識。

但要開闊眼界，細看亞洲，是必經之途。像偉倫這樣從南亞到東南亞走了一次，不只讓眼睛上了天堂，看到了如婆羅浮屠和泰姬陵這些古蹟，看過越南的海灘和尼泊爾的雪山，嚐過印度、越南、泰國、馬拉等各個菜系的味道；領略過印度教、佛教和伊斯蘭教的生活、馬來西亞和新加坡等國的多元文化，也交了不同膚色、宗教的亞洲朋友，讓他經歷了一次深刻而知性的旅程。

經歷過這樣的旅程，把無知、誤解和自大掃走，眼前會是個更廣闊的世界。在這個世界裡，深色肌膚的不再代表「貧窮」、「外勞」和「強姦」，而是一個個活生生的人。偉倫的文字，寫的不只是旅行，更有強烈的人文關懷和反思，提醒我們，該如何理解這個我們其實陌生的「亞洲」。

前言

歸返，前往深邃亞細亞

旅行的方式千差萬別。對有些人來說，旅行是躺在異國的海灘邊曬太陽，或是到異國常駐數月以至經年。但對我來說，旅行，就是在廣闊的空間中移動、前進。我個人並不偏好「收集」去過的國家數，而是偏好收集「有意義的旅程數」。

此次旅行從紐約出發，飛抵印度大城孟買，然後向北，再向東橫越印度。自東印大城加爾各答離開，前往泰國曼谷，再以此為樞紐往緬甸、寮國、越南。南下飛抵印尼雅加達，橫越爪哇島前往峇里島和龍目島，再到新加坡，北上馬來西亞，最後進入尼泊爾。不計入飛行，這趟旅行總共在地圖上累積了一五〇四三公里的陸地里程。而這移動中的每一公里，也非「為移動而移動」。相反的，每一次移動、每一座城市、每一哩距離，都有相對應的物件、照片或回憶。旅途中，每每在前往目的地的移動中，體會一種解放般的暢快之感。將這樣的回憶、感覺，與累加的里程數字對照，會產生一種真實感，對於這個世界的認知，以及與自己的內在連結又多了一分，將遙遠的異國所代表的抽象概念，化為真實存在的空間、溫度與空氣，以及最重要的人情。這就是累積「有意義的里程數」所代表的含義。

若非曾經長時間待在美國，自己的第一趟「大旅行」，也許會選擇充滿豐富歷史文化與極高生活水平的歐洲，而不是近在咫尺的亞洲。但是最終我很慶幸，因為回到亞洲時我才發現到，這裡才是許多歐美人士的旅行首選。我藉由他們的眼光，再一次地認識了神祕、深邃而美麗的亞細亞，更發現這裡有著一點也不輸給歐洲的歷史人文之美。或許生活水準不及歐洲，但要說亞洲不夠歐洲深厚精采，卻是個需要被教育的迷思了。

另外，對於台灣現實的處境，與我們相似的東南亞亦是很好的參照。在越南碰到的導遊，對自己國家繁榮興盛毫不懷疑；而緬甸的書店老闆，放棄了台灣的工作與生活，在緬甸從事文化事業，這種在窮苦國家面對未來的自信是怎麼來的？不是單一國家，所有東南亞國家都在往前進，比起生活標準不同的歐洲、美國和日本，在東南亞和印度的經驗更令我獲益良多。當我們說「走出去」，不是只能到那些先進國家去體驗、感受，也要看看那些力爭上游的國家們，如何在某些方面，變成了我們學習與觀摩的對象。

東南亞與印度，並不只是一個便宜的度假之選，而是精采紛呈、充滿豐富文化，值得特地細細探訪的廣大領域。現在，正是出發的時刻！

目錄

Taiwan

緣起

停滯與困惑，在啟程之前

那一年，弟弟開了視訊，讓遠在紐約的我看看家人。爸媽沒什麼變，但一向精力充沛且外向樂天的奶奶，反應已明顯遲緩，漸漸變得衰老無生氣。在那瞬間我沒想別的，只響起一句反覆縈繞在心中的話：「該回家了。我已離家太久。」

在異國生活的我，並非什麼了不起的專業白領，但對於工作本身倒是駕輕就熟。假日獨自流連在崔貝卡、格林威治村、當堡和威廉斯堡的街道間。我認為這裡就如同海明威筆下、百年前巴黎所擔任東道的，一席流動的饗宴——年輕藝術家、設計師、作家和金融分析師，一起吃飯抽雪茄；還有形形色色的新移民，包括韓裔巴西人、日本與牙買加裔混血、學習認真的俄羅斯脫衣舞女郎和菲律賓護士……這兒的人們全都為了追求更好的生活而來到這塊新大陸。和他們比起來，我其實並不信仰物質生活值得以長久忍耐來交換。我只想在這裡擁有美好生活，但現在呢？

與一起來到紐約的女友分手，卻仍須同住的事實使彼此的處境顯得難堪。我知道，以她開朗直率的個性很快就會有新生活，對比起來，我則總是畏首畏尾、猶豫不決。這裡是已臻完善的世界，但也因幾乎無可抱怨，反而令靜止停滯的我想著：「若所有能做的事都在這裡被做完了，那我還在這裡幹嘛？」

才沒有「美麗失敗者」這種事。失敗怎麼會是美麗的呢？一次又一次地被現實羞辱的我，有時也想站起來反擊一次啊——我想改變，這幾年的毫無長進，被分手的事實做了確認。而此時此刻奶奶的衰弱，讓我真正有「再不旅行，就來不及了」的緊張感。終於，我開始認真規劃，預計旅程從一個半月，三個月一直到半年。時間隨著計畫擴大一再延遲，地點也從印度擴張到幾乎整個東南亞。但能夠確定的大原則是，我必須在可以旅行多久，和奶奶能等我多久之間，尋求一個平衡。

沒錯，我就是要藉由長途旅行逃避自己的失敗！這也才符合我一貫衝動、魯莽、不切實際的風格不是嗎？當時我沉浸在以「離開」反擊的計畫中，絲毫沒發現「分手」其實是她送給身在紐約卻有志難伸的我的禮物。

離開那日，我們在甘迺迪機場的航廈入口擁抱，她堅持來送我：「我曾以為，我們會先去威尼斯，再去你想去的那些地方的。」

「算了啦，印度那種地方，還是我一個人去就可以了。」我揮手道別。

New York

輯 壹

橙土之路
不可思議的印度
ORANGE LAND: INCREDIBLE INDIA

Mumbai → 4750.59 km Kolkata

印度的食物，
只要不是甜的，就全部是辣的。

我的旅行才要開始。
蹲式廁所的世界。只有辣味的世界。
男女都五官漂亮但覆滿塵土的世界。
跟寶萊塢相當不同的世界。

孟買的計程車。

I
印度印象

賈哈拉帕蒂．希瓦吉終點站。

在出發之前，我對印度沒有太多實際的認識，除了CNN中印度旅遊局的廣告轟炸以外——而那反覆響起的「Incredible India」實在令人生厭。當時的我並不知曉那音律以及鮮麗多彩的畫面，已經像降蠱似地印在腦海中；更不會知道「Incredible」這個形容詞，日後完全對應了我在印度時最常響起的內在獨白：

「Incredible but in wrong way!」

今日的印度，應該不會仍是V.S. 奈波爾（V.S. Naipaul）筆下《幽黯國度》中，那個使他美好歸鄉幻想全失的那個國家，甚至也不完全是其後續作品《印度：百萬叛變的今天》中，那個稍稍持平些的印度眾生相。薩爾曼．魯西迪（Salman Rushdie）在《午夜之子》中所描繪的印度精采絕倫，卻像是在本身已夠繽紛絢麗的這個國家再撒上一層辛香粉末，口味顯得過於嗆辣新奇……更不是《項塔蘭》這種英雄主義的異國傳奇，通俗性十足，但可信度仍使人存疑。莎娣．史密斯（Sadie Smith）的《白牙》（White Teeth）我個人覺得挺不錯，但作者的年紀、英國成長背景，在與印度母體斷裂狀態下的筆調，似乎還是太「不列顛」了。

看過這麼多跟印度有關的小說，被吊足了胃口，可好奇心還未被滿足。直到我踱步在孟買大學的草坪上，看著打著板球的人們，正與記憶中《印度往事》（*Lagaan*）——一部與板球有關的印度電影——的影像交互重疊。這時的我，才喃喃自語著：「啊，果然，百聞不如一見。還好來了。」

抵達

才不過幾天前，我還在紐約，一座全世界都在其中的城市。如同一百年前的巴黎、一千四百年前的長安或二千年前的羅馬。我在這座「世界之都」讀書、生活、工作，不知不覺就這樣住了四年，感覺自己應該會一直在這裡待下去。

紐約是個好情人，迷人、帶點嘲諷和擬仿，伍迪艾倫式的機鋒，偶爾還有點下流的淘氣，這可不是每個城市都會有的特質。但是，不知怎地，在紐約最快樂的時光，卻老是會想到元配——那個孤伶伶地掛在東亞邊緣、爹不疼娘不愛的小島，以及那些讓我不太快樂的人事物。而離開太久之後，島嶼的一切事物卻不時反撲——以小吃的形式。豬血糕、蚵仔煎、大腸包小腸……尤其是在印度吃著並不習慣的印度食物的時候。「媽的，全是辣的。」

也許是我才剛抵達印度，尚未感受到旅行的況味，也完全沒有度假的興奮感。這可以解釋成雖然現在在跟印度「談戀愛」，但我還沒有從與紐約分手的狀態中恢復過來。雖然與紐約道別已成定局，但我仍然不時自我懷疑：這樣的決定是對的嗎？回到「正宮」台灣之前，好好地跟印度調情一番？

孟買的氣味

孟買的黎明起得很晚。我在六點半的清晨抵達了賈哈拉帕蒂．希瓦吉終點站（Chhatrapati Shivaji Terminus，舊稱維多利亞車站）。甫下車時，看著周圍天方夜譚般的街道景象，只覺得一片茫然。從來不曾有過超過兩個星期的旅程，完全不知道怎麼訂車票，不知道怎麼跟印度人打交道，不知道怎麼使用他們拜占庭式的各式交通系統（全是扭來扭去的天城文），不知道如何應對他們好奇的眼光……就一頭撞進了這座一千六百萬人的大都會，天堂與地獄的十字路口。

奮力一擊的議價後付出三百五十盧比（約二百多台幣），在從機場到堡區（Fort）的計程車上，汙濁的煙塵、明明是現代建築卻有如百年古蹟的房舍，「住」在路旁的遊民們，伴隨著空氣中燃燒塑膠與廢線材的城市排泄物氣味猛然襲來。這，是孟買的氣味。

「你有『幾個』女朋友？」

「你知道，這裡是達拉維吧？」

孟買的達拉維曾經是亞洲最大的貧民窟，但是這裡並不像我原先所想像，有著一連串陰暗、腐敗的下水道和僅供遮蔭的破爛篷子，藏汙納垢的人間地獄。而是類似於連綿不斷的市集與小雜貨店，而且所有人都擠在街上——密度之大，遠遠超過我所見過的任何地方。

達拉維因為其發達的廢物回收行業，被稱為「孟買之肺」，而通往鄰近馬希姆地區（Mahim）的鐵路直直通過達拉維，也使得這個地區並不如想像那般難以抵達。與「亞洲最大的貧民窟」的稱號相比，這裡似乎顯得太過生氣勃勃了。這個沿著鐵路不斷擴大增生的區域，印證了電影《貧民百萬富翁》中，聚集了印度的赤貧之子，一心懷抱著某種夢想，期望有天能夠飛黃騰達、住在沿著 Marina Drive 往北直駛而去的濱海豪宅區，過著電影明星般的生活。巷弄裡，戲耍的孩童與他處並無二致，沒有人向你乞討或兜售，也沒人會纏上你——雖然每個人都在注視你。

不打算在達拉維拍下照片，不希望以居高臨下的憐憫向朋友分享這樣的貧窮景象。更何況，在街上滿滿都是人的狀況下，我一個外國人根本不方便拿出相機。轉入窄巷，一切彷彿倏地寧靜下來；翻倒了水桶的孩子們在溢滿水的街道上順勢打起水仗，婦人專注於手邊的工作，老人對我微笑不語。而出了巷弄，又回到被注視的世界，人人都對我投出疑惑眼神：「為什麼你可以來觀光，而我們卻得住在這裡？有什麼祕訣嗎？」

這也許是我自己的想像，但印度人對外國人的好奇，則肯定是一個事實了。離開貧民窟，在橫跨鐵軌的天橋上遇到一群中學生，一看到我這個外國臉孔，馬上蜂擁而上：「會不會中國功夫？」「有幾個女朋友？」（這是印度人最愛問的問題）……在各種其實不那麼方便回答的問題之後，他們一個個排隊輪流和我合照——這想必就是熊貓團團與圓圓的日常生活吧，我想。一個看來像是帶頭的中學生，在我即將離開之前，以一種裝模作樣的態度給了我忠告：

「你知道這裡是達拉維吧？聽我的，快離開這裡，不要再回來。」該說是世故還是天真呢？雖說令人忍俊不禁，我還是留下了與他們的合照，聽從他們的忠告，頭也不回地離開了。

奧蘭卡巴，二十公斤的靈性散步

賈哈拉帕蒂．希瓦吉終點站雖然以其優美的建築被聯合國定為世界文化遺產，但外掛的那些月台站可就不是那麼一回事了。除了被精美的建築外觀所震懾，我也同時被看來無限延伸的月台、車廂以及混亂滿溢的乘客與商販所驚嚇。

坐上了印度之旅唯一準時的車班，孟買—奧蘭卡巴（Mumbai - Aurangabad）的午夜快車。AC、2AC、3AC、Sleeper 的等級劃分，讓人想到種姓制度。我只訂了 Sleeper，能睡覺就行，不在乎滿車的異地人們，只希望明天一早已身在遠方。黑夜中，裹著睡袋的我嘟囔著「誰說印度很熱的」，在寒氣中凍醒過來，恰好奧蘭卡巴到了，急急忙忙地收拾行李。在這沒有明顯季節劃分的國度，清晨，就是印度的冬天。

奧蘭卡巴，一座以皇帝之名所命名的城市。這裡有兩個於一九八三年登錄於聯合國教科文組織UNESCO世界文化遺產行列的石窟，包括有著「印度敦煌」之稱的阿旃陀（Ajanta Caves）和埃羅拉石窟（Ellora Caves）。一出火車站，門口三到四位嘟嘟車司機守候在外。在看過孟買火車站的大陣仗後，這裡令我感到毫無威脅。輕鬆地殺價一番，我來到最靠近埃羅拉石窟的小站。在沒有任何一家旅館開門的清晨四點，決定帶著行李直接前往石窟。

但是我錯了。儘管竭力想要感受埃羅拉石窟這塊藝術瑰寶，但背著二十公斤的大包包、氣喘吁吁地爬著不時上下的石窟走道，因體能和飲食怠惰四年而發抖的浮腫下肢，和搖晃的肚腩所造成的反作用力，卻使我的重心不穩，光是喘氣和擦汗就已掏空所有的

埃羅拉石窟。

力氣，毫無餘裕欣賞美景，心裡只想著：「該死，還有幾窟才結束？」

於是抵達阿旃陀石窟時我學乖了。立刻找到旅館。同時，喜出望外地發現，他們竟然有提供送洗的服務！我這唯一一條長褲已經穿了一個星期，而且因吸飽了汗水和塵土，重了至少三公斤……若可以如他們所說下午送洗晚上拿的話，明天我就可以穿洗好的褲子去石窟了。

這是我整趟印度之行中唯一一次，將Cargo（及膝工作短褲，兩旁有口袋）拿出來穿，而且只在房間裡。在這裡，你永遠不會看到任何一個穿著短褲的印度成年男性（至少在北印度）。如果明天要像西方觀光客一樣穿著短褲參觀石窟，總覺得混在這海潮般穿著長褲的當地人之間，我這普通的短腿就像是非洲人中的白子，孤伶伶、明晃晃又備感排擠。我想到佛陀，兩千多年以前最激進的人。如果是佛陀的話，穿個短褲對祂來說算得了什麼呢？但意識到自己跟佛陀不在一個水平上，我還是從眾些好。

還在思考著，洗衣婦已打開我的房門，把一條如同剛從海中撈起的鮪魚般、濕漉漉

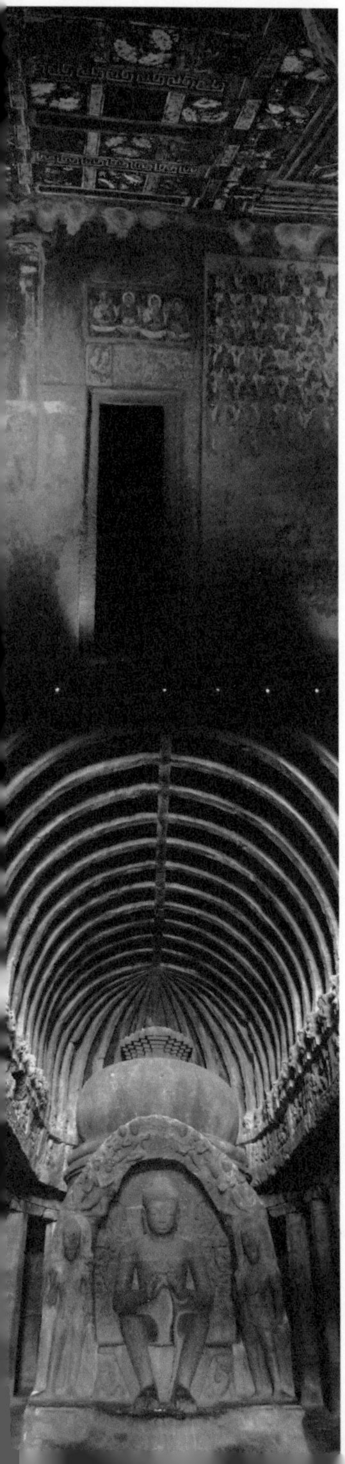

阿旃陀石窟。

的褲子給我，這時我意識到什麼都外包給印度人的時代，還要很久才會到來。原來，印度的送洗是不包含脫水的……而現在，我的長褲不但沒有變得輕盈，還硬生生地比原先多了好幾公斤。我該拿這條「鮪魚」怎麼辦呢？

隔日，我走出陽台，重新穿起這條曬成魚乾似的長褲出門去。其實，沒有脫水的褲子，還是曬得乾，而且穿起來並沒有甚麼不同，挺環保的嘛。

一踏進阿旃陀石窟內室，我就感覺到與在埃羅拉時不同。即使在完整度上有所欠缺，但在幽暗的內室中，淡綠色微光所照亮的壁畫，卻有著不可輕慢的虔敬氣氛，就像一道被點燃、冉冉上升的香煙，或者像是一滴血在牛奶中滲開那樣，緩慢地透進空氣中。而藏族朝聖者五體投地的跪叩動作，更將空氣的濃度平衡蓄積至幾乎一個點，觸動我幾乎也有一種跪拜與眼淚奪眶而出的衝動。

才開始旅行一個星期的我，對於這樣的體驗其實毫無心理準備。我開始更加好奇，這趟旅程中還會有多少次這些既真實存在又不可言說，心智與情感的共振？

三等車票、種姓制度與海洋孤島

離開阿旃陀石窟之後，直奔 Jalagon Junction。《寂寞星球》（*Lonely Planet*）中敘述的這個「無甚可觀」的小鎮，有著唯一通往阿美達巴（Ahmedabad，古吉拉特邦首府）

的火車站。我必須去那兒，然後搭巴士到烏代浦爾。

語言文字和文化差異的障壁，從這裡才完全顯現出來。之前從孟買到奧蘭卡巴的火車票，是青年旅館的經理協助訂的，所以在 Jalagon 之前，我並沒有自己跟火車站打交道的經驗。雖然旅遊書裡說印度火車站有專供外國人使用的櫃台，但充滿整個車站大廳與月台，席地而坐、排隊的當地人，以及霸佔著站外空間的小販與乞丐，所有人穿著五顏六色的衣服，讓我彷彿身處在一幅辨識色盲的亂數圖案之中，只能藉由一次次排錯隊、詢問櫃台人員，來消去錯誤的選項：僅供女性購票的櫃台、預約車票櫃台、不提供所搭班次的櫃台……排了兩輪，與每個窗口都建立了一種好似訓導主任跟壞學生之間才會有的「啊，真麻煩，又是你啊」的默契，我才終於得到了一張晚上九點出發的，三等車票。

雖然不太禮貌，但三等車票在某些旅人的眼中連首陀羅（印度教種姓之一，地位極低）都不是，而是「不可碰觸者」（意指「旃陀羅」，最低種姓）。這讓我想像：整個車廂塞得滿滿的印度人，虎視眈眈地盯著你背包裡的東西，環境髒亂吵雜，最怕的是整晚都得站著而無地可安睡……等待的胡思亂想令我不安。

我詢問一個正要上車，看來最接近外國人的印度年輕人。「過來。」他友善地向我揮揮手，並把我帶到車廂裡，他的朋友已經在等他。三等車廂確實如同我的想像，但人比我想得稍少一點（當然，夜車嘛）。年輕人把坐在對面位置睡覺的人（明顯是社經地位較低的印度人）搖醒，然後直接叫他縮到角落去睡，把空下來的位置

烏代浦爾的湖景旅館。

齋沙默爾舊城區一景。

讓給我。除了年輕人那副理所當然的態度讓我訝異，對方真的順從地離開這件事，更讓我吃驚。我知道他們看起來社經地位、收入和教育程度不一樣，但若發生在台灣，被叫醒的人也許會生氣地大吼：「你誰啊？憑什麼要我讓位給你？」而從頭到尾都沒有不悅或抗拒的那人，令我想到甘地用「牛」來比喻印度人順從的特性，雖然他們對於任何事物的逆來順受，在我們看來幾乎難以置信，卻可能是維持這個極度擁擠的國家和諧的核心要素。

年輕人的家鄉在久德浦爾，是在阿美達巴工作的年輕工程師。在簡短地基本介紹後，我提起看過的幾部寶萊塢電影和明星，對話就開始順暢了起來。

「我認為艾希瓦婭．雷（Aishwaya Rei）是寶萊塢的第一美女。」我說。

「那當然。不過你知道，她不年輕了。」年輕工程師瞇著慧黠的眼睛，也不知道面對面時他是否敢於以揶揄的眼光欣賞這位絕世美女。

「那沙魯克汗（Sakh Rukh Khan, SRK）呢？他也不年輕啊。」

「那不一樣。他可是我們的王。」

「但要說到帥的，還有號稱印度湯姆克魯斯的李提克．羅森（Hrithik Roshan）。他主演的《幻影車神 2》（*Dhoom2*），我可是看了好幾次。」

「印度阿湯哥，誰說的？」他笑了起來。

「笑鬧感人的《三個傻瓜》（*3 Idiots*）呢？史上票房最高的《珊蒂別傳》（*Om Shanti Om*）呢？以及具有國際水準，看時眼淚直流的《我的名字叫可汗》（*My Name is Khan*）……」

「你看過的印度電影還真多啊。」他大吃一驚。

從電影延伸出的話題，到明星的生活、人生、愛情……印度人並不只有像神聖的牛一般生活著的窮苦大眾，那些為生存所迫之下斷絕思考的印度人們，我對他們毫無所知，卻以為他們構成印度的全部。面前的這個年輕人，其實已不是我們想像中的「印度人」，他們也許和遠在千里之外的我，在觀念及生活方式更為相近。這些受過教育的人，是印度這片人種語言文化海洋之中一座又一座的孤島，卻也是讓我這種載浮載沉外鄉難民的獲救之所。

印度式腹瀉

十小時的夜車、等待誤點加上轉乘巴士到烏代浦爾的五個小時，一天也就這麼沒了。至少要如此長的時間，才足以令人對「移動」有了真實的體悟。

把我送入烏代浦爾舊城的嘟嘟車司機，不由分說地把我載往一家看來還可以的旅館。這些以Haveli（意為豪宅，通常為貴族或富商的居所，分布在整個拉賈斯坦）為號召的旅館，以頂樓餐廳、從窗戶就可俯瞰的湖景為主要訴求（後來發現這裡幾乎所有廉價旅館十之八九都叫做Haveli）。雖然，從這家旅館只看得到被其他旅館所切割的破碎湖景——那也罷了，此處所帶給我的記憶，並不是那不怎樣的湖景與乏人問津的頂樓餐廳，而是在吃了餐廳提供的雞肉炒飯後得到的印度腹瀉初體驗。

終於來了！早就知道我外強中乾的腸胃，總有一天會上戰場的……若把腹瀉程度分成十個等級，而在印度之前的腹瀉經驗劃在一到二級，在此則直接進入五到六級的新世界。在這個新世界展開後，無論是遊歷城市宮殿、騎腳踏車周遊市區、夕陽下繞行湖上宮殿及逛舊城區藝品店時，在腹瀉國度中哀嚎的唐吉訶德，心裡念茲在茲的長矛是衛生紙，而鎧甲是胃藥。沒有這二樣神器，你哪裡都去不成。

從此，如影隨形的腹瀉陰影及恐懼，便揮之不去地出現在德里、阿格拉、瓦拉那西以及加爾各答等地，幾乎支配了整個印度之行的至高行動準則。即使在坐上夜車巴士前往齋沙默爾之前，我已在旅館將腸子完全清空，但仍無法保證十三小時的夜車之行能否安然無事。所幸除了在臥鋪因路面顛簸、一路騰空飛起以致睡眠不足外，其餘並無大礙。而那離巴基斯坦不遠，由滾滾黃沙中所建立起來的古城齋沙默爾，就在這冬日乾旱的藍空與煙塵之中，撞向了我們。

殺價到三分之一的沙漠駱駝行

這個只有五萬人的小鎮，是天方夜譚般的金色城市，亦是惡名昭彰的罪惡之城。旺季時觀光客不用付費即能抵達各旅館，然後被連珠砲地推銷高價沙漠駱駝之旅。正合我意，我原就是為沙漠而來，於是任由隨便誰把我載到任何一間旅館，問隨便哪個經理隨便哪個套裝行程。兩天一夜的行程，從五千一百盧比殺到了一千七百，不是我殺價技巧太好就是他們哄抬得太厲害，而答案顯而易見是後者。我知道可以找到更便宜的，不過病體才初癒，也就將就將就。

夜晚，旅館的經營者告訴我，這座被金色光芒籠罩的城市，背後聚集了從他處來此躲藏、交易以及歇息的黑道分子、掮客、人口販子，還有邊境的非法交易。這是否能夠解釋，齋沙默爾雖是拉賈斯坦邦人口最少的觀光城市之一，但在此所接觸到的人，非但不因地處隔絕而純樸，反而比其他城市更使勁哄抬價格，眼神中也流露出更多狡獪？抱著滿心期待來到這裡，卻發現這座城市好像跟我合不來，尤其是在舊城摔了相機之後。

塔爾沙漠。

即使在沙漠中也收得到訊號。

恰巴提，一種未加酵母的麵餅。

駱駝夫的裝扮。

炊事。

第二天來接我們的，並非當初說好的吉普車，而是一般的小客車。該死，果然「隨便將就」真的不行。懶惰的背包客，必然會遇到懶惰旅館所提供的懶惰行程。一稍微鬆懈，市儈的老闆與摻水的行程就來了。原本說好的吉普車、無限水果供應、肉類大餐……什麼都沒有。但跨坐在駱駝背上的興奮，使我潛意識想要承認，這一切還是棒透了！所以一進入沙漠後，很快地大家（二個日本人、一個澳洲人跟我）都忘了抗議，開始進入時而瞌睡時而思考，無法專心的昏沉狀態了。

Sam Sand Dunes，齋沙默爾郊外最大的沙丘。一個戴著小帽的陌生身影從地平線彼端出現，只見他拿著數瓶冰涼的海尼根啤酒應景地出現在沙漠之中，而我為賺到一個在回教徒領域中喝啤酒的經驗，買了！與駱駝夫和廚子分享啤酒時，竟完全沒有想到他們就是回教徒——當我驚覺時，一個駱駝夫已躲到小沙丘後喝了起來！

乘著夜晚的風沙配恰巴提（Chapati，手抓飯）還有快爛光的香蕉，廚子和駝夫們在餐後愉悅地唱著歌。聽著他們真摯而熱情的好歌喉，哼著具有當地特色的情歌後，再問你有「幾個」女朋友和老婆之類的問題，我無法斷定他們到底有多少是為了謀生所生出的虛偽，又有多少是樂天知命的真誠？不過印度人的真假問題，從來不是「有」或「沒有」的問題，就跟他們左右搖晃頭部所給出的答案一樣，範圍很寬。

每個人都分配到兩條毯子，我和其中一個日本人又加上了自己帶來的睡袋。在野外露宿，剛睡時覺得還好的溫度，到了清晨便會把你凍醒。沙漠夜晚的天空罩滿了在乾季中難得一見的烏雲，我不得不懷著無法在一望無際的沙漠看見滿天星斗的遺憾沉沉睡去，但在入睡後半夢半醒的片刻，我確實看見了片刻的烏雲散去，在黑色的波浪上閃耀著的星盤，不只挾帶著發出白色光芒的星體，甚至可以隱隱看見紅色的星體忽隱忽現。

營火熄滅了。這是旅行的第十五天。

尚未熄滅的營火，伴隨著滿天的星空。

II

盡覽赤裸坦蕩的生死流轉

至今我仍分不出德里跟新德里的差別，對我來說，它們都是德里。

被拋在德里市區外圍與環城公路的交界上，因為全車只剩我一個人，而司機不想在夜間開進市區去車擠車。他想回家跟老婆孩子吃飯。可以理解，抗議無效。

但是我卻一點也不慌不怕，現在我的心臟比起啟程時可強了不少。我甚至開始感受到，這才是印度旅行的「醍醐味」了。

隨便問個路人，搞清楚東西南北。往正確方向走路半個鐘頭，看到公車隨便上隨便搭隨便問。放心，在印度，大家英文都很好。等到足夠接近時，坐人力車到車站前的Pahar Ganj[1]，然後在裡面迷路一個小時找旅館。終於到達時，我又累又餓，只想洗個熱水澡。老闆告訴我：「沒問題！等個大概二十分鐘，滾燙的熱水馬上來。」

進了四樓的浴室，只有冷水──該不會熱水器不行吧？已經習慣了在印度接受打了折扣的服務，更何況一晚不到五美金的旅社我還殺價……但德里的冬天真的很冷，正猶豫著要不要硬著頭皮洗冷水澡時，有人敲門了。一開門，鐵桶盛來的熱水正在眼前，那水真的是滾燙的！混合冷水後，我充滿感謝地享受這印度式服務的熱水澡。

1 Pahar Ganj
位於新德里火車站西邊一塊龍蛇雜處的密集地帶。其中有眾多旅店、餐館、小販、市場等。對眾多背包客來說，Pahar Ganj在德里的功能，如同考山路對曼谷，都是背包客便宜住宿的最佳地點。

瓦拉那西的河壇夜祭。

世界遺產，昔日的科學遺跡

今日日常所見的所有科學產品的基礎，都是在工業革命之後建立起來的。而那之前的科學，因為年代過於久遠，已近乎一種美學。

這些失去功能性的測量儀器，像是建於十八世紀初的簡塔・曼塔天文台（Jantar Mantar），現在已被觀光客和當地人視為城市宮殿旁的附屬景點。如果這座古代天文台不是必須要和隔壁分割門票的話，應該會有更多觀光客湧入才對。

瑪哈拉賈（Maharaja，意為印度大公）傑・辛二世（Sawai Jai Singh II）所建造的數座天文台中，簡塔・曼塔天文台是最大的一座。我想，應該沒有人比他更渴望藉由建造這些巨大的石造觀測物，試圖掌握時間的神祕吧？

這整座天文台所有彷若雕塑般的儀器，都是日晷的一部分。地面下半圓形內側的大理石板，滿是表示方位的符號與線條，而十二星座與其相對應的日晷，有如鏤了拱型窗門的西班牙城堡。在那交錯的美麗弧線之間飛舞的群鴿，似乎並不覺得將這座日晷當做鴿舍有何不妥。我對於印度在採借歐洲天文學所發展出的觀測建築，卻被廢棄其功能而成為一座「科學遺跡雕塑公園」一事，感到惋惜。但做為補償，那種光線直透過幾何量體打在地面之上的陰影，切割了這惋惜而產生了虛無，令我徘徊不捨，低迴沉吟。

販賣夢想的國度、寶石騙子與反詐騙

我蹲在路邊吃完炒麵之後，有一個人友善地問我從哪裡來。他告訴我，他的名字叫阿里。

我一邊心不在焉地和他漫聊了幾句（在每天被迫回應幾十次相同的問題後，漫不經心地回應就像呼吸一樣容易），一邊猜測著他想賣什麼或要些什麼？他說他只想交個朋友，並約我隔天晚上七點在此碰面。我不會來，一邊擠出最友善的微笑一邊心想。但這路口是回旅館的必經之路，若不想被逮到，只得早點回來……但最後我還是不小心在七點左右返回，又遇見了。

阿里一得知我是台灣來的，馬上告訴我他有親戚在台灣，而他正在親戚經營的寶石公司上班：「你想賺外快嗎？幫我運寶石到台灣，公司會在那接應，你就可以得到七千美元，也許更多。」

就算當時還沒看過背包客棧的「印度騙術大觀」，我也知道這肯定是假的。

他告訴我，這些珠寶值十萬美元，而印度政府對於商人進出口的稅實在太高，所以

價值十萬美金的寶石？

他們為了節稅，不得不找觀光客協助運送珠寶。我心裡雖然覺得這是鬼扯，但若說我一點都不想要賺這七千美元，那就是騙人的。然而，比起七千美元還重要得多的，還是我的旅行。我知道應該排除所有讓自己無法繼續旅行的因素，但我真的很好奇這到底是什麼樣的一場騙局。

我坐上阿里的車，到一間看來像是在整修中的小商舖，見他的老闆，他告訴我這是他們的第三家店。「是連鎖的嗎？名字相同？」他說是的，還告訴我總店地址。他拿出了幾張護照影本，告訴我這些人都是跟他們合作過的觀光客，有日本人、保加利亞人、西班牙人等等。又說，如果我跟他們合作的話，從機票到包含今晚的住宿，他們都會幫我安排。

我告訴他們我想先看看貨品：「畢竟十萬美元的東西看都沒看過，根本不知道我有沒有辦法帶。」「明天再來吧，我會叫阿里來接你。還有，別忘了帶你的行李。」老闆說。

這件事看起來似乎有點意思。他們在各種關鍵問題上越是模糊，越讓我更想搞清楚這個騙術系統的真實架構。

第二天阿里開車來時，我並沒有如他預期帶著行李。我說：「旅館費用已經預付完畢，不必費心再幫我安排了。不過，如果你要幫我付現在的旅館費用，也是可以的。」阿里什麼也沒說，只是把我載到昨天那間施工中的小店。下車時，我記了車號。

阿里拿了一些文件過來，說：「這些文件是保障彼此的權益。其中有保證書和繳交保證金的文件。你有現金嗎？」「只有旅行支票。」「有信用卡嗎？」「有，大概可以刷三千美元吧。」「那就足夠做為十萬美元珠寶的保證了。」不過，從他對金額不太在意的樣子看來，就算我只有一千美元，生意應該還是會繼續談下去吧。

「我可以先看看珠寶嗎？」我說。於是阿里拿出了幾個紙包，其中是一些寶石和串成一串的項鍊。我拿出了其中最大的一顆，發現了一個明顯的缺損——要騙人也騙得好不用心啊，我心想，夠了，一旦要付錢，我只好停手。

我拍了寶石的照片，然後故作驚慌地告訴他們：「這些寶石真的太貴重了！我無法攜帶這麼貴重的東西回台灣，我可能會弄丟它們的！我只是個學生，實在無法承擔這麼重大的任務啊。」

那看來像老闆的人的表情瞬間變了：「馬上把照片刪掉！」阿里也往我靠了過來。「好，我來刪！」我一邊說著一邊在上面假裝點啊點的，然後換了一個相簿給他們檢查——好險，他們沒用過iPhone。他們不情願地讓我離開，阿里幫我叫了一台嘟嘟車，我問他可否幫我付車費。他不說話。

在嘟嘟車上，我開始思考，為什麼他們可以靠騙人營生？也許，並不是因為這整套謊言天衣無縫，而是因為我們想要相信。想要瞭解、探究下去的想法，會使人越陷越深。即便我後來上網查不到印度有這樣的稅制，他給我的店名和地址也不符——這讓我覺得自己有點蠢，因為會去查，就代表我想要相信呀。這個販賣夢想的國度，對付像我這種被各種騙術商品套件打得心生動搖的人，可說駕輕就熟啊。

尼桑木丁聖墓，震顫與羞恥並存的震撼教育

《寂寞星球》中所推薦「到德里必定要造訪」的尼桑木丁聖墓，就位於胡馬庸陵（Humayun's Tomb）斜對面的小巷內。

接近的一瞬間，街道就由黑壓壓的印度黑髮頭顱換成一片白色的回教小帽之海。如此多的回教徒令人感到不安，但絕對不是因為抹黑「回教徒等於恐怖份子」的那些狗屁刻板印象，而是因為我在孟買以及印度其他回教社群中，所獲得的那些令人不習慣的經驗——與友善而極度外向、對外國人好奇的印度教徒比起來，印度回教徒對於你「侵入」了他們的領域一事具有戒心。表面上看起來，他既不搭理你，也不好奇，而不知為何我就是知道，他們在注意我。

越過了人群，走到了一處像室內市場的門口。後方的人群像潮水般把我沖到旁邊的小販處，而那小販像撈魚般把我撈起，一面對我說道：穿鞋是不行的、露頭頂進去是不敬的。

我哪知道？

這「哪知道」不是指不知道回教習俗，而是不知道我已經是待宰的肥魚了。

Delhi

2206 km

（左圖）
尼桑木丁聖墓。

（下圖）
Qawwali 頌唱。

他把我身上的圍巾解下包在我的頭上，然後遞來一個花盤，上頭有著包著白色糖霜的花生糖球，其上罩著二塊印度紗麗般、繡著廉價亮片的花布。另一個拿著本子，看來像鬍子較少的中年伊斯蘭長老之類的人物，帶著我快速地向內走去。到了最裡面被小廟包圍的廣場，隨人潮走進那燈火最通明，人潮也最擁擠的「聖廟」內室。

只見室內中央一塊被花布、花朵和貢品覆蓋，信徒們仍不斷把貢物拋向那高起的中央墓室。我想這就是聖人尼桑木丁長眠的地方吧。所有人順時針繞行墓旁僅供一人行進的走道，行走的穩定性不時被直撲聖墓哭泣的穆斯林老婦、握著手機拍照的穆斯林年輕人、閉目吟頌可蘭經的穆斯林老者所打斷。在這窄小的神聖空間所發生的「劇場經驗」，讓我的腦海突然閃現孟加拉裔英國舞蹈家阿喀郎汗（Akram Khan）在《零度複數》中，融合了印度卡達克舞和現代舞，在逆光下呈現的畫面——在舞台的中央擺動四臂的毗濕奴。在我繞墓一周的數分鐘之內所發生的一切，變成了重複曝光的底片被壓縮成一瞬的意象，由於和觀看現代舞的經驗太過於相似，所以才以「劇場經驗」稱之。

出了聖墓後，那帶我進去的中年人翻開了手上的本子，我看到一格格內的數字，瞬間從神聖的暈眩中清醒——機構維持費、聖地參訪、慈善小學、社區捐獻，其上記錄了上個捐獻者的數字：一千、一千、八百、五百，我只好填上五十、五十、五十、五十。那在這個狀況下，就算明知是騙術（或近於騙術了），數字太低卻還是令人感到羞愧。那

Delhi

2206 km

人收了錢就走開了，而我用一時的厚臉皮，救回了一點旅費。到底是怎麼回事？《寂寞星球》裡沒說要收錢啊。而且人家都捐一千我捐五十，我活脫就是個摳門。比起損失的錢，覺得自己是個小氣鬼的感覺更令人不快。

一回頭，發現聖墓前清空了一塊，Qawwali 歌手對著聖墓席地而坐。太棒了，我一直期待能親耳聽見這種回教蘇非神祕主義教派發展出的詠唱方式。雖然我不具備分析音樂的知識和能力，但當他們在詠唱時那越來越高、一層層覆蓋的人聲，似乎要把人的精神隨著歌聲推高。而歌手在詠唱至出神之境時，不時舉起手來，我幾乎認為那意思就像是他們經常夾帶在言語中的，讚美真主。

曲終人散時，我帶著文學家 V. S. 奈波爾所說的「震顫」（Vibration），走出了我認為德里唯一的聖地。即將走出門口時，剛剛的小販拉住了我，要錢。「嗄？五百？太多了，只有三百。不要，那也沒辦法。喔，可是我也沒錢。捐很多？嗯，當然。好好，那就三百了。」噢，又被剝了一層皮。

這神祕的震顫感和被剝皮的羞恥感同時並存的經驗，是德里所帶給我的第一場震撼教育。

泰姬瑪哈陵，敗家子的永恆淚珠

是的，泰戈爾詩中「永恆臉頰上的一滴淚珠」。這座所有人都期待造訪的古墓，雄偉、精緻，還有一個夢幻般的故事。我很好奇沙賈汗和泰姬的故事竟然沒有像近年的《勒克瑙之花》或《寶萊塢生死戀》那樣規模的愛情史詩大片，即使這故事肯定已在印度以任何方式被拍過好幾百次了。

泰姬瑪哈陵超然的地位也反映在票價上。七五〇盧比（本地人五十盧比），足足是紅堡和胡馬庸陵的三倍，甚至是城市宮殿博物館的十倍！即使如此，這裡每年仍然湧入二百萬名遊客。

在看過那麼多的城堡、宮殿、豪宅、陵寢後，這次則是最終、最大、最美、最令人期待的印度公認首要景點。隨著人群通過中門，進入泰姬瑪哈陵前的廣場和水池，遙望白色的巨大量體，卻不似在明信片中那樣具有存在感。但接近到連半寶石所構成的花紋都看得一清二楚之時，我抬頭仰望，在有如魔法般的阿拉伯文裝飾之下，一瞬間感受到自己正被那淚珠所包覆；不，我就是那淚珠，就是那創造這滴眼淚的君王，也是那奉獻的對象。對我這個外國人來說，比起為帝國打下大片疆土，卻沒留下與其功業相稱有形之物的阿卡巴大帝，卻是沙賈汗這個敗家子為後人凝結了永恆。歷史的力量讓敗家子超越英主，使四百年前花去的金錢與心力，在四百年後化為數倍的營收與寶萊塢式印度心

Agra

2374 km

靈的源頭之一。其收入遠超過阿格拉堡、勝利之城、德里紅堡、齋沙默爾堡、風之宮殿、烏代浦爾的城市宮殿、安珀堡，以及梅蘭加爾古堡的收入總和。

十分有趣。許多現今留下最偉大的古跡，是由暴君和敗家子所蓋成的。那麼也許藝術家所做的事，和暴君和敗家子所做的，並無二致。

泰姬瑪哈陵。

牛糞中的神性，瓦拉那西

當清晨的火車抵達卡修拉荷站時，剛下過雨，地面的水窪反映陰鬱的天空，潮濕的空氣中還有幾滴零星的雨水。與現實不同，卡修拉荷在我的想像中，是乾燥的，烈日當空，照在黃土色廟宇上的光線所造成的強烈陰影，加深了建築物荒蕪、枯竭之感，讓人聯想起回教徒來臨之前的古印度昌德拉朝，一度繁盛而後衰敗的，時光的刻痕。

昌德拉朝似乎是一個歷代君王對月亮女神迷戀的故事，其崇拜幾乎貫串王朝歷史，有如馬奎斯《百年孤寂》中邦迪亞家族對亂倫的慾望與壓抑，肉慾的歡樂與神性的憂鬱。浮雕上的女體越是豐盈飽滿，舞台落幕之後就越是歷經滄桑，被時間侵蝕後所呈現出來的面貌，如此令人哀傷。

然後我前往瓦拉那西，印度最早有人居住的城市，卻幾無百年以上的古蹟。就連「瓦拉那西」之名，也是幾十年前才取代了其古名聖城貝拿勒斯（Banares）。

光是改了名字，就印證了世上沒有東西是永恆不變的，所有古老的東西都會消逝。但是和死去的卡修拉荷不同，瓦拉那西生氣蓬勃，沒有對於事物已死那種多餘的感傷；在這裡，就連死本身，也不斷流動且具有熱度。台階上滿地的牛糞是珍貴的肥料，而被拋入河中的死者，在某種程度上也是滋養繼起之生命的燃料。在骯髒的表象之下，不斷流動的生與死，反而給予所有來到這地方的旅人清新的感受。

待在瓦拉那西是我印度旅行中最舒緩的經驗。並非說清晨時搭乘小船，看著數十人從台階步向冰冷河中洗浴的景象震撼了我，反倒是沿著台階散步時，看著生命沿著一條河，在光的照耀下完全無所遁形——沒有什麼需要隱藏。在這裡，人與雞、狗、牛、羊、貓可同時在大街上午睡，不帶有一絲優越或罪惡感。瓦拉那西並沒有什麼必看的景點，在這裡，每天只要沿著恆河，在數十個河岸台階上看日升日落，看生死流轉。

人們把濕衣服往岸邊架好的石板上使力甩去，直至洗去其上的髒汙和清潔劑，然後攤開在台階上晾乾，數百衣物、棉被，其雄偉壯觀神聖有如藏區的五色風馬旗一般。肥壯的黃牛會在台階上以及旁邊僅供一人通行的巷弄間穿行，並佈下數不清的牛糞。總有新鮮的牛糞覆蓋那已風乾的，直到路面完全被佔領——試圖不踩到牛糞是徒勞無功的。

我走到河壇某處，台階旁的空地升起了柴火。每隔半小時，就有覆有經文的華麗布料包裹著屍體被抬過來，在聖河中浸泡、撈起、曬乾，在火葬台上燃燒。只著一條內褲或兜檔布的男人或男孩，不時跳進冬季的恆河中，在冰冷的河中洗浴、嬉戲，或是划著小船尋找觀光客。

許多外國人告訴我他們不是第一次來。不管印度其他城市有多繁華，建築再精美，對於這些不斷漫步於這河岸上、無所事事的外國人來說，瓦拉那西確實擁有與那些景點不同的「什麼」，不斷吸引他們一次又一次回首。

曾聽到一種說法，把曾到過印度的觀光客分成兩種：一種是深惡痛絕，發誓再也不去的。另一種是去了之後，在剩餘的生命之中，不斷歸返。這些旅人，最終都會來到瓦拉那西，永遠不向生命說「不」的地方。印度人是最能將神聖與俗世生活融合的民族，而全印度最能夠涵蓋印度人自日升到日落，從出生到死亡的所有面向，並向我們同時展現的地方，只有這裡。

（上圖）
洗衣工們將恆河的台階妝點得有如風馬旗飄揚般的壯麗。

（左圖）
來自世界各地的背包客，獨自沐浴在瓦拉那西的晨光之下。

菩提迦耶與COMME des GARÇONS

西元前二百五十年前，篤信佛教的阿育王下令在傳說佛陀獲得正覺之處——即現今的摩訶菩提寺（Mahabodhi Temple）位址——建立了最早的寺院。雖然阿育王被認為是摩訶菩提寺的建立者，但多數認為今日所見的寺廟主體被建造的時間，大約為十四世紀末至十五世紀初。歷經佛教式微和回教帝國的破壞，直到一八八〇年代才開始重新修繕的摩訶菩提寺，仍被認為是印度保存最古老的磚砌結構體，而被聯合國教科文組織在二〇〇二年列為世界遺產。

摩訶菩提寺給我一種莫名的不協調感。無關乎美與醜的爭論，身為全球佛教徒心目中的首席聖地，摩訶菩提寺的建物外觀在寺廟中也是獨一無二的。

從遠方觀看，以灰泥覆蓋的外觀給予建築一種素樸之感，也許呈現出類似安藤忠雄清水混凝土建築那樣極簡的神聖性——但許多圓形凹槽構成的表面，又令人聯想到像日本代謝派（Metabolism）的形式。這讓我想到前一晚在帕特那（Patna）的旅館，一名旅館的工作人員得知我要前往菩提迦耶，半開玩笑地告訴我「佛陀是外星人」。如此令人意外的說法讓我感到有趣。不過看到這建築就不難理解，這確實像是外星人所蓋的建築沒錯。

在這樣不協調的建築主體之下，是信徒們呈現出聖地之所以為聖地的氛圍。穿著深紅色露出一邊臂膀的藏傳佛教徒，不斷地做著五體投地的朝拜動作；身著白衣的泰國佛教徒，安靜地集中在一旁誦經。尚有穿著粉紅色袈裟的緬甸女尼，以及身著藏區傳統服裝的藏人。唯獨有一位僧人，我無法在外觀上以地區或宗派來劃分，他在我心中是穿著COMME des GARÇONS 的僧侶，與在鹿野苑時初次所見時相同，他獨自走著，選定一個位置盤坐了下來，安靜地，專心地，把身體放在時間之內，而心智卻不在那裡。

這一刻，我覺得這位僧人虔誠的形象簡直近乎時尚。是的，最神聖的事物是時尚的，跟頂尖時尚近乎宗教一樣，吸引其信徒的道理是相同的。如同理性的科學與感性的藝術在最高處交會，宗教和時尚只不過是同一道光譜的兩端。拜物到近乎神聖的走火入魔，以及追求心靈到如同被膜拜的聖像般超脫的境界，不就是時尚所追求的極限般的存在嗎？即便信徒們求的並不是這些外在可見之物。然而時尚和宗教，表象和內在，含有相同的神聖性，也都一樣令人渴望。

摩訶菩提寺。

我走到寺後北面的菩提樹下，與十數個佛教徒一塊盤腿而坐。當初悉達多．喬達摩就坐於此處，在此菩提樹的爺爺再爺爺爺爺的庇蔭之下成為佛陀（也就是覺悟者）。現在也坐在此處的我，夾雜著信徒的誦經聲，聽見微風婆娑菩提樹的聲響。偶爾，被風吹落的樹葉飄到我臉上，皮膚不時地因螞蟻爬過而搔癢。我的眼瞼不尋求緊閉，也不急著張開。我不尋求覺醒，也不試圖管制心緒。不知道為什麼，意識飄到了愛爾蘭詩人葉慈的〈二度降臨〉（*Second Coming*）開頭：

迴旋復迴旋，於愈益擴大的漩渦
獵鷹聽不見放鷹的人
一切都崩落，再無核心可以掌握
只剩下混亂，漫溢世間……

楊牧譯，《葉慈詩選》

這首詩，似乎是關於以聖經啟示錄的素材，做為愛爾蘭民族起義的某種象徵及隱喻，但吸引我的則是詩句神祕的美感。這時又想起赫曼．赫賽的《流浪者之歌》。赫賽對神祕莫測的東方哲學知之甚詳，但描寫求道的辛苦與掙扎卻全然是西方個人主義式的。在這裡閉上眼睛靜坐的我，某種程度上，也是為了在旅途中追尋相似的生命經驗而來的吧？然而我的旅行不是流浪。相較於不知何所望何所歸的「流浪」，食衣住行都有旅行聖經《寂寞星球》導引的我，仍然是依循著前人所留下的路徑，去我們出發前已知道的地方，以一個觀光客而非求道者的身份。就算來到聖地，我的人生會有所改變嗎？

雜念太多。一閉上眼，過去再度浮現。

我跟當時的女友踏上了異國土地以後，我享受那未知，她卻擔憂不穩定。慢慢地，她適應良好，我則開始懷疑是否能夠保住理想，或者必須徹底拋棄以求生存？

我害怕自己帶著困惑開始，也帶著困惑結束。所以何不停止思考，然後再浪費稍微多一點的時間來旅行？我並不認為所有疑問都會因這次旅行而得到解決，我很清楚，也不打算去遍印度的所有聖地，不需要靈修、祈禱、靜坐——但我現在就在靜坐啊，一邊帶著嘲弄自己的微笑。這是佛陀悟道之前的第幾次微笑呢？雖然覺悟還遠著，但我的微笑卻平靜了。

穿著像是川久保玲所設計衣服的僧人。

III

雪白山峰與渾濁的生命之城

大吉嶺的鐘塔。

為了逃離「太過印度」的平原地帶，為了醫治我對於印度的彈性疲乏，緩解身處於這個國家巨大的人群所帶來的壓力……我來到海拔與文化都截然不同的大吉嶺。

大吉嶺，廓爾喀之地

大吉嶺喜馬拉雅鐵路，印度最早的鐵路系統之一。跟阿里山鐵路一樣，屬於少數現今仍用蒸氣驅動的高山森林鐵道。不同的是，大吉嶺的蒸氣火車——暱稱為「Toy Train」，除了穿越山間時緊鄰高山縱谷外，大部分都位於普通道路旁，不時靠向山區民家。坐在車內以極近距離觀看住民、商家、小販及行人，甚至連住家內的擺設也看得一清二楚！而回望縱谷一邊，可看見霧氣繚繞的山巒、森林、茶園，也許還能看見遠方隱隱約約的雪峰。聽著規律的行進聲響，很容易因為睡睡醒醒而不小心錯過了美景，但轉念一想，這不就是我來大吉嶺的目嗎？對比於過度擁擠而紛亂的平原地帶，這個位於邊境地區的小山城，擁有印度最缺乏的東西——寧靜。

在大吉嶺很多房屋的門檐或牆邊，都看得到漆有「Gorkhaland」（廓爾喀之地）的字樣。民族構成與印度人有很大差異的這個地區（以尼泊爾人與當地原住民不丹人、雷布察人、雪巴人為主），在過去要求單獨成立廓爾喀邦的呼聲很高。但在印度政府的懷

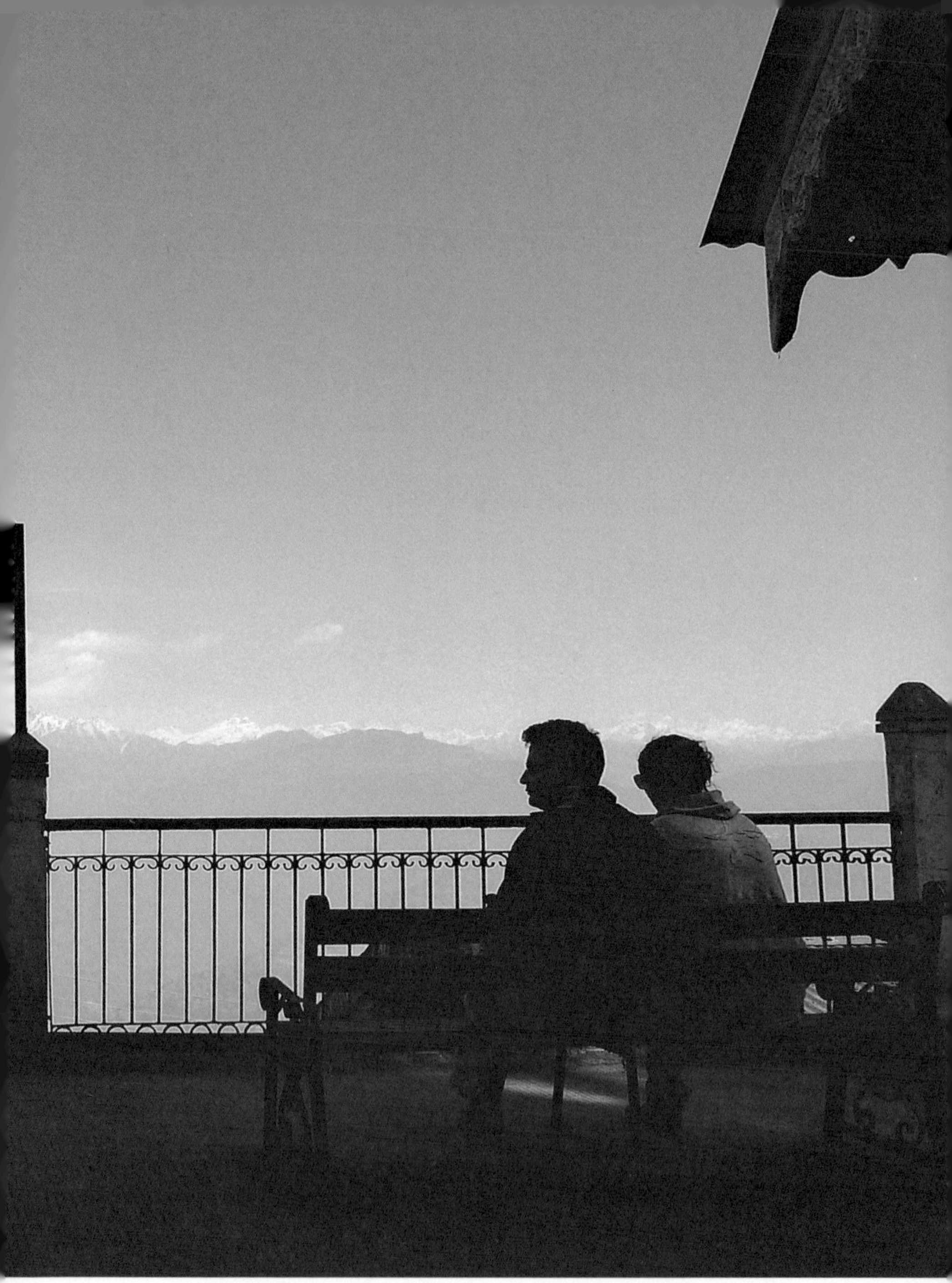

由大吉嶺鎮上的步道，眺望世界第三高峰干城章嘉峰（Mt. Kangchenjunga）。

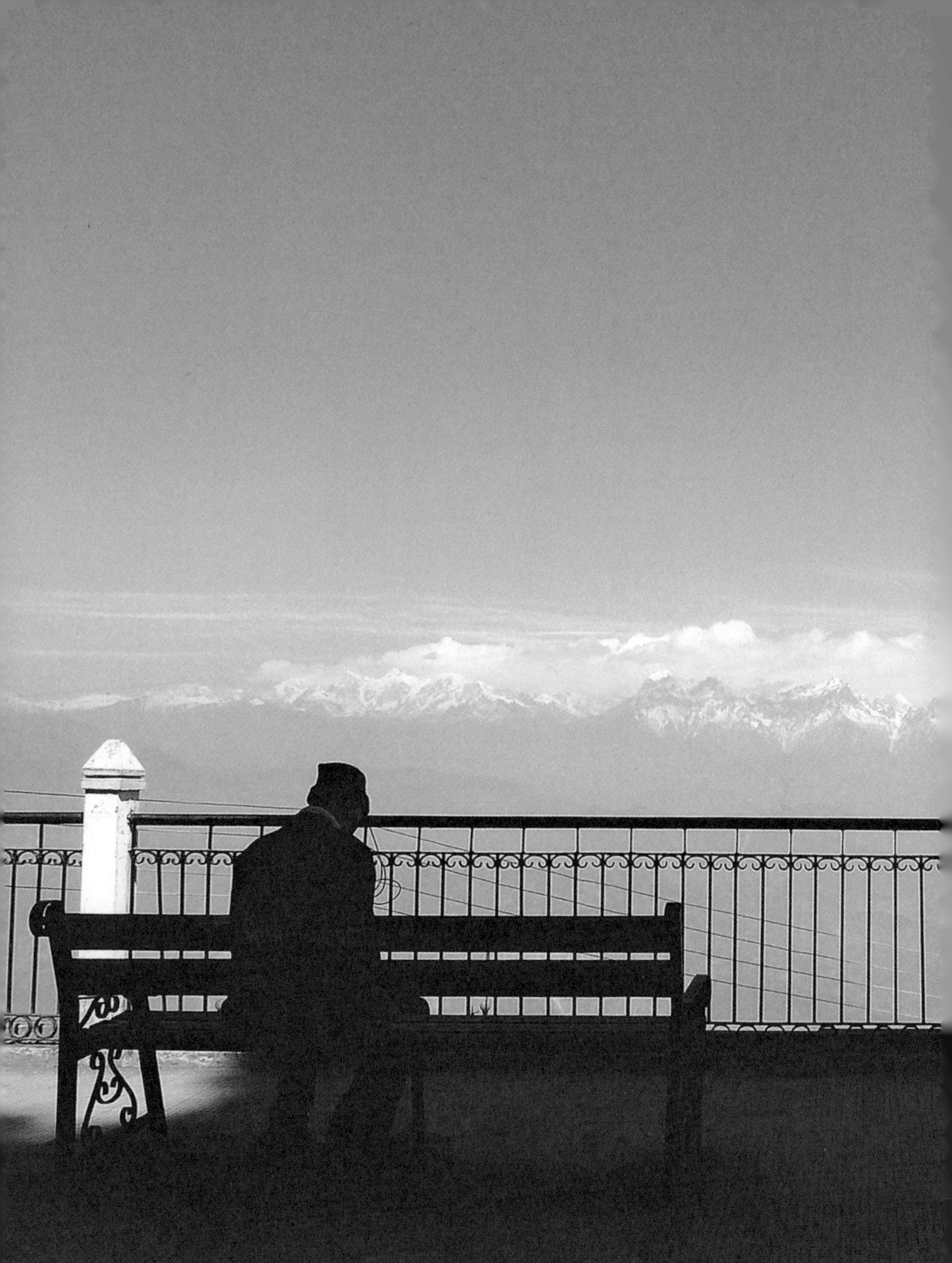

柔手法之下，昔日激進的廓爾喀民族解放陣線（GNLF）在獲得了某些自治的權力之後，不再尋求以激進的方式來要求分離西孟加拉邦。而和這動盪的歷史相反的，是這小山村恬靜的樣貌和悠閒順服的住民，吸引了觀光客的進駐，並輸出了美景，以及舉世聞名的大吉嶺紅茶。

在海拔二二〇〇公尺的大吉嶺，雖然不至於會有高山反應，但是只要遇到上坡，背著大背包的我幾乎要喘不過氣來。然而，清晨在和善靦腆老夫婦所經營的平價家庭旅館外陽台，望著干城章嘉峰「懸浮」在周圍山巒兩倍高的位置，等待了十五個小時的怨懟，就像是大吉嶺的晨霧，消失得無影無蹤。

虎山，與白色山峰的無形連結

為了到虎山（Tiger Hill）而決定在大吉嶺多留一天，搭乘清晨四點的吉普車上了山，在入口處花了四十盧比買了觀景台特等席的票，就為了觀看清晨第一道日光照耀干城章嘉峰的美景。到了二樓的特等席，大概三至四排的單人沙發座，規矩地排列在鋪著地毯的房間內。

今天是多雲霧的日子，我對能否看見日照雪峰心中並無把握。就這樣等了一個多小時，一開始還能見到雲海和隱約露出的山峰，但最終，越來越濃的大霧還是遮蔽了所有

Darjeeling

4131 km

視線。雖然昨日已在大吉嶺看到干城章嘉峰，但沒親見日照雪山頂峰的美景，還是讓人微微失落。

是否能撞見預期的自然美景，是旅行無可測量的未知。到目前為止我還足夠幸運看到所有期待看到的，然而這幸運到了虎山便失靈了——也許代表我身為背包客新手的好運道，到此已經用完了，得接受「千里迢迢前來卻失望而歸，也是旅行的一部分」。

生平第一次看到白色的山峰，即使是在遠處，心下亦不知道起了什麼悸動。即使最終無緣得見日光照耀的峰頂，但，從我看到那白色山峰之時，就知道這不會是此次旅行的最後一次。這就夠了。我還會再一次見到純淨而壯麗的雪山群峰的。

虎山的信號塔。

圖書街巷弄中的小店二樓，Indian Coffee House

頭頂上方旋轉的大吊扇、穿著舊英屬印度白服的侍者、帶著奶茶味的咖啡、泰戈爾的巨幅畫像，詩聖的城市，大英帝國英屬印度舊都、西孟加拉口味的煎燒魚、遠處清真寺傳來的廣播和夕陽下的輕軌電車、街頭打字員、磨刀人、石匠以及用前胸撞你再輕甩你巴掌半調戲地跟你要錢的閹人表演者。

揮之不去的維多利亞的暗影，在那些已經去英國化的街道之中，由街頭巷尾的小販、司機們口中吐出：

加爾各答。

加爾各答，陳腐卻懷舊的榮光

與現代化的孟買和整齊劃一的德里比起來，加爾各答無疑是混亂的。這座城市收集了印度所有的交通工具：火車、公車、計程車、嘟嘟車、人力車、渡船、路面電車、地鐵。這裡的地鐵比德里舊得多，但我很慶幸進入地鐵前不須經過在新德里後站的「尿牆」（這是我起的名稱。每次經過，都會有大約二到三人面對牆面小便，那尿直流過馬路。令人對於這面牆究竟累積了多少人的「奉獻」感到相當驚歎）。

午後的路面電車不過就是公車外的另一種選擇。雖然電車本身就是非常具有魅力的交通工具，但即使在日間，於擁擠的人群中你實在難以看見窗外的景色。即使看見了，也仍是黑壓壓的人群，行走於烈日照射下充滿煙塵的陳舊街道中。

而當陰影緩慢地潛入夕陽西下的時分，人群、招牌、街道，這些在日光下一覽無遺的視覺干擾，都變成襯托閃耀著金色光芒的黑色畫框。看著電車的纜繩將天空切分成樂譜，而電車像音符般在其間躍動，如同手指在琴鍵間游移的同時，我不禁想像著這名為加爾各答的樂譜，會是哪一首曲子？不管是哪一首曲子，恐怕都不會是印度的曲子。

這黃昏的街道氣息，隸屬於舊帝國的榮光，陳腐卻懷舊。使加爾各答比起其他兩個同樣人口超過千萬的大城市，顯得更為固執己見，像是一個獨自居住在大宅的英國老頭，不知道他的印度僕人已經離開了，甚至不知道已經改朝換代很久了。

加爾各答的街景。

在加爾各答，每天早晨出門都會撞見好幾個家庭的日常生活：男人刷牙洗臉、女人洗衣服、老人抽菸（一種名為Beedi的傳統廉價菸草，十支大約四盧比）、老婦人做飯、小孩玩耍以及哭鬧。這些全都發生在青年旅社外頭的人行道，就好像我住在香港九龍城寨的最裡層，得穿過一間間別人的住所才得以出門般。在急欲離開的困窘中，忍不住又斜眼偷瞄了別人大剌剌展現給你看的隱私。他們把全副家當迫不及待地擺出來，將擁擠的街道變身為氣味的森林：分不出香甜還是腐爛的水果氣味、無法辨別的牛糞還是人糞發酵後的氣味、辣味中帶鹹的汗酸混合馬鈴薯加熱後的香氣、長鼻毛中年人的口臭融合除煙臭石灰粉的氣息……所有香的跟臭的完全無法分割，像一個畸形的連體嬰，在世人同情且厭憎的眼光之下，又像做為毗濕奴的化現，被祕密地崇拜著。

「來作我的光」，德蕾莎修女與垂死者之家

加爾各答印度教的伽梨神廟旁，是德蕾莎修女所建立的垂死者之家，收容照護了貧苦的病人。

德蕾莎修女的墳墓與講壇同在一個房間，入口處有紙張，讓進來的人寫下心中的祈求或者想說的話。然後，你可以自由地取一個廉價塑膠上銀漆的小小聖母像。修女的墓就位於小講壇旁，簡簡單單的幾根蠟燭和鮮花，而她生前居住的房間，就在對面樓上。

Kolkata

4750 km

我拍了想拍的，唯獨避過她的墓。幾個觀光客用閃光燈對著墓拍照並留下合影，讓我感到微微不快，也許是因為我寧願讓聖潔之光的餘燼留在腦海中，而非硬碟裡。但即使心中這麼想，亦不會改變我到這裡來的確是為了觀光。

我一直都有很多願望。不過當我拿著入口處的紙張準備寫點東西時，才發現從開始旅行後，我就沒有想過「想要什麼」這件事。畢竟，我已活在願望裡。所以我寫下：「希望朋友生病的貓趕快好起來。」然而，對於一位已把自身完全奉獻給上帝和人類的聖徒，還能從她身上得到什麼呢？

我走出房間，從修女生前居住小房間旁的樓梯上，看著為了不打擾垂死者們而隔開的庭院。修女們穿著藍白條紋、清爽潔淨的修道服，清洗大片白色被單。橫越印度一路上偶爾看到的基督徒，每每令我幾欲落淚，並非因為只有這裡的基督徒才偉大，而是基督在印度有更多事可做，更多人要救。也許先進國家的醫療照顧能夠使宗教只擔負純粹的精神寄託，但是對於這裡的垂死者來說，基督是具體的臨終照護。修女們白衣藍條的裝束，把其日常的勞動與奉獻象徵化了，這是唯有來這裡才看得到的事物。

可以這麼說吧，墳墓就只是墳墓，就算那墳墓是紀念德蕾莎修女的。這墳墓最主要的功能，就是讓像我這樣原本毫無關聯的觀光客過來，再看見這些——如此，我們便藉由奉獻的修女們，與那些我們看不見的垂死者們，建立了某種間接的關係。雖然無法見到那些垂死者，他們卻具現在這些勞動者所勞動的對象上。而在這之後，原本對於某些事物的視而不見，就無法顯得理所當然。

泰戈爾之家，對比渾沌的明朗純真

夜晚，到處可見在孟買和德里會被掃出市區的人們，於加爾各答潮濕而黏膩的夜間人行道上棲身。這樣的景象引人憐憫，但是幸虧這座城市對他們，還是稍稍寬容的。加爾各答不僅僅有德蕾莎修女的慈愛庇護，亦有一位出生於貴族之家，以孟加拉語書寫詩作，填補印度諸神和螻蟻般眾生之間失落環節的偉大詩人，羅賓德拉納特．泰戈爾（Rabindranath Tagore）。

泰戈爾，印度第一位（也是目前唯一一位）諾貝爾文學獎得主，其巨大的形象如同正午的太陽，直射在加爾各答的街道上。但街道太雜亂、人群太擁擠，反而加強了光線直射後對比的陰影。這裡的殖民氛圍沉鬱而厚重。泰戈爾本人強烈抨擊殖民主義，並反對陳舊封建制度，但他在這座城市無所不在的雕像、畫像和照片，反而更加深了城市本身給予人們腐朽、破敗的印象。

但請別誤會，我完全不認為這座城市正在沒落；相反地，若非這座城市充滿了尚未被洗去的殖民主義況味，也許更難以向前邁進。如同詩聖本人對於這座城市的不可或缺，泰戈爾的詩文中所抨擊而今日依然存在的陳舊及殖民風情，這樣一體兩面的豐富性，正是加爾各答不同於其他城市的獨特魅力。

泰戈爾之家庭院中，略帶卷曲的枝幹如同凌空伸展的鳥爪，充滿生存的欲望。

Thakurbari，也就是今日的「泰戈爾之家」，是由泰戈爾的祖父在十八世紀時所建立的家族住所，他在這邊度過整個童年以及生命的大半輩子，直到一八四一年過世為止。今日，這座大宅成為紀念館與藝廊，以及以印度傳統純美術為主的學院 Rabindra Bharati University 的分支機構。藝廊內展出泰戈爾本人的大量繪畫（對，他也是個畫家），以及其姪子，亦是現代印度美術的奠基者之一的 Abanindranath Tagore 之作品。

磚紅色的建築搭配漆成綠色的鐵鑄欄杆與窗框固然精緻，但令我印象更為深刻的，是建築物陽台前的樹。也許是冬天的緣故，對比起旁邊枝繁葉盛的植物們，這幾株光禿的樹，略帶卷曲的枝幹如同凌空伸展的鳥爪般，彷彿人們所認定的藝術品，雖然因失去葉子而顯得怪異醜陋，卻充滿了生存的強烈欲望。

與德蕾莎修女極簡的房間不同，泰戈爾的臥房與其留下的諸多物件，為我們揭示文豪和其家族熏陶下的個人品味（如果沒被後來的人改變太多的話）。在那個尚無所謂「大眾時尚」的時代，歌詠自然與純真的詩人，其生活品味在當時的加爾各答，無疑是印度教諸神以外，另一種時尚（或近乎宗教）的崇拜對象了。

帶著這樣的想法離開此座宅院，我思考著，印度這個國家所謂的宗教、生活方式或者時尚，在尚未受到西方文化影響的大眾之間，仍然像是中古世紀的歐洲般，把對世界的臆想跟實際知識相互混合。所謂的進步，似乎就是把這些事物拆解成一個個不相關聯的事物，各個擊破。整個世界包含印度，也不可避免地隨著這個趨勢而去。只是吸引我而來的，卻恰恰是那事物在被拆解之前的渾沌所產生的神祕。

這座宅院，如同泰戈爾的詩作給我的感覺，太明朗、太純真、太有秩序了。對我來說，宅院外汙濁而混亂的世界，才能喚醒我找回那份身為人類、身為渾沌太初一份子與周遭環境融為一體的認同感。我想，若是能夠跟泰戈爾這樣的偉大心靈面對面交流，一定非常榮幸；但作為人類，我卻喜歡宅院外那汲汲營營的眾生。因為我也是眾生的一員，畢竟，人還是喜歡自己，或者跟自己接近的事物吧？

其後，於離去的飛機上，見到與那枝幹同樣呈現卷曲的河流，於紅樹林沼澤中延伸擴張，生存的意志。這正是在印度這片橙土上不斷見證的事物。

在印度搭火車

我在印度只坐過臥鋪和三等車廂。在看過那令人迷惑、混亂的舊維多利亞火車站，動輒二十多個月台的大陣仗，以及全家大小席地而坐於車站大廳、月台、候車室以及門廊、樓梯間等地，相較之下，乘坐便宜的臥鋪、三等車廂就顯得不那麼難以接受了。

用小型白色膠杯裝著的五盧比印度奶茶是一定會有的。除此之外，他們也在車上賣許多東西——餅乾、芒果汁、炒鷹嘴豆、鎖頭與鑽頭等五金用品、為掩蓋腥味而烤得焦黑的魚、文具用品，甚至有字典及各式教科書！我懷疑其他更高級的車廂是否也允許小販進來兜售，因為這些來回穿梭的小販每次經過時，我都必須把屁股從坐著的大背包上挪開，不只站起來，還要全力挺直身體、縮緊屁股、閉氣深呼吸縮小腹，將身體厚度減至最低，以迎接小販通過——每停一站，相同的過程就會重來一次，直至深夜。我必須坐在包包上，卻又不能完全坐著，因為突出來的膝蓋會擋住走道，被不時通過的人撞到。因此半坐著睡覺的訣竅，首先是背包的頂部與底部都要是平坦的，才能夠做為椅子（同時也可以是枕頭）；另外必須用力把背壓在臥鋪與臥鋪間的鐵架上，以維持平衡。

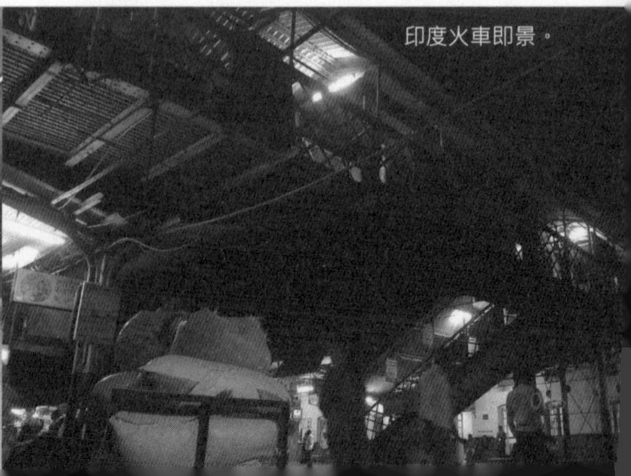

印度火車即景。

除此之外，還得將雙腳腳掌往外張開，以避免被乘客或小販踩到，因為放在走道上的行李們會掩蓋住你的腳。

印度人是世界上最擅長在任何地方做私人事情——或者說，最缺乏隱私觀念——的民族，在這裡，人與人的距離被壓縮到極低。在旅程中常常被印度人煩得幾乎受不了，但這並非是他們不懂得尊重別人，而是因為他們對於「你我」的分際界限，並不像我們那麼分明，同時，也因為我們是「外國人」。雖然印度的觀光客已經很多，但對比起印度人口數量，仍稀少到有如一滴雨水滴入無邊大海。我經常遇到友善而好奇的印度人，但更多的是想痛宰觀光客的司機小販。

對比起來，印度的火車票雖然必須提早一星期預定，而且誤點如同家常便飯；但對背包客來說，在印度坐火車的誘因還是大過這許多不便，因為車票實在極度便宜，像是整夜移動的臥鋪車票，通常低到不超過五美元。所以大膽地放心預定吧，難以決定的時候，甚至買兩張同樣目的卻不同出發時間的車票仍然划算。

不過，不要太期待火車站——尤其設在月台上的廁所。我總覺得，那些滿出來的糞便，其實可能是為了避免被使用而設置的裝置藝術吧？

輯貳

山火之霾

遮蔽的天空下

HAZE OF MOUNTAIN FIRE: THE SHELTERING SKY

在乾季的晚期，乘著夜車行進。
半夢半醒間瞥見山火燒盡了已然乾枯的雜草。
散播在空中的微小粒子，
遮蔽了整個中南半島的內陸地帶，
直至數月後的雨季，
流浪的微塵才安定下來，
在乾枯而貧瘠的泥地裡重生。

黃昏的蒲甘。

I
黎明將至的佛國勝景

在參拜的人群中，
一位僧人起身。

當地人將「仰光」念成「Young 貢」。這讓我想到某種尖頭而短的，衝浪板一般的物體。在習慣印度價格之後來到緬甸，五美元的共乘計程車資已經貴得讓我心疼。但是遇到換錢騙子損失了二十五美元，更是令我痛得椎心刺骨。

千萬，絕對，永遠不要在路邊換錢。

匯兌詐騙，即將消逝的職業

我手邊這本三年前的《寂寞星球》，寫著當時美元與緬幣的匯率應該是 1:1050。所以當合法的換錢所告訴我 1:850，而路邊的換錢者告訴我 1:1000 時，我毫不猶豫地選擇了後者，於是遇上了騙子。

這些換錢騙子絕不會只有一個人，通常還會有兩個幫腔的，負責在旁邊講話干擾。然後他們在你面前數錢，你會拿過來再數一次，沒問題以後，他們拿回去，但不數錢。這時魔法出現了，雙方交換手中的鈔票，你從頭到尾一直看著對方手上的錢，但當他們離開後你再數一次，二十五美元就這麼蒸發了。這是哪來的大衛魔術啊？以一種「老榮民被金光黨騙去畢生積蓄」劇碼中的心理狀態，我失魂落魄地想著。

這種狀態逐漸轉變成憤怒，再加上必須再換錢的焦慮感，讓我下定決心再挑戰一次——畢竟必須解決在緬甸換錢的問題，才能接下來的旅行啊。

雪達光大金塔（Shwedagon Pagoda）
空氣中的潮滯夜露，無聲息地化為塔身
聚光燈所蒸散的白色煙塵。

我回到街上，找了其他的換錢者（原來那人當然不在了），換他一百美金，我要1:1300。他一口答應。他數錢，我拿過來再數，他再拿回去數，我再拿回來數……這麼來來回回地折騰，是因為已被騙過一次的我知道，最後錢一定要在我手裡數，我才肯交付美金。數完之後確認為十三萬緬幣，很好，我正要掏美金，他卻突然把緬幣搶回去——說「搶」是因為我握得很緊，而且旁邊兩個人也來幫忙。最後他們雖然成功搶回鈔票，但有四五張緬幣被我撕了——果然是騙人的，我心想——我假裝不知情地問他們「幹嘛拿回去？」，他只告訴我：「不想跟你換錢啦！」我才不想勒，你這傢伙！

後來，我才知道緬甸銀行已經提供穩定合理的匯率了，我想，這些換錢騙子應該很快就會失業了吧？

雪達光大金塔，清晨的第一道曙光

凌晨三點，我從所住的Sule Paya區出發往雪達光大金塔（Shwedagon Pagoda），在幾乎空無一人的街道上，失去了二十五美金的我，一面走一面想著，要如何節省才能把二十五美金的損失給彌補回來，甚至一度下定決心，決定在接下來的旅途上，若有需要繳交門票的地方，能逃票就逃票。

一邊抱著悲憤的心情，我漫步進入兩隻白獅子鎮守著的大金塔入口，籠罩在暗夜中閃爍的紫色燈管射出的光芒中，沿著寬廣的長廊階梯拾級而上。這座據說從佛陀時代就存在、將近百公尺的雪達光金塔，就聳立在緬甸人視為聖山的 Singuttara 頂部平台之上。

在即將甦醒為深藍色前的一片純黑天色之下，非凡高聳且在色彩與體積上展現出不協調量感的黃金巨型佛塔，其壓倒性的迫力，使所有的信徒盤踞雙腿，雙手合十，幾乎是以額頭強壓雙掌直觸地面，靜止蜷伏如同存留在樹上的蟬殼。空氣中的潮滯夜露，無聲息地化為塔身聚光燈所蒸散的白色煙塵。空氣中不時傳來隱約的誦經聲，使得煙氣彷佛成為這些虔誠匍匐在地的軀殼們所溢出的靈魂可見物，緩緩向天界飛升。在我心中，這些彷佛成為了星雲、物質、暗物質、黑洞、波動、弦理論這一類的事物，而非佛經、法輪、西方極樂世界，或者大金塔內眾多的緬甸僧人。

佛教對西方人來說，可能近似於一種神祕的哲學，但對於我這個出身佛、道信仰混種的東亞文化圈住民而言，此處所呈現的，卻近似一種神祕的，前托勒密時代的天文學。我跟著群眾無視如同化石般臥坐在地祈拜的信徒，如同返鄉鮭魚般地，隨著人流一同順時針往前推進。不時有穿著粉紅僧袍的女尼穿梭其間，而信徒們則於佛像旁的水槽內取水淋於佛像肩上。

在這裡，白色石獅和蛇神 Naga 的雕像、以佛像裝飾的洗手台水龍頭、點滿燈的燈座、隨處可見的貢獻箱，全成了金碧輝煌的裝飾。數百座圍繞於金塔本體的小型佛塔，

有些綴滿了紫色燈泡，令我想到每年懸掛於華納威秀旁樹上的藍色聖誕燈，彷若節慶般的熱鬧氛圍。大金塔底下大大小小的金色佛像，與周圍供奉千百座緬甸特有的「Make Up Style」佛像——有些神像後，甚至裝設著數十個小型燈泡的壓克力板，模擬出「佛光遍照十方」的效果——錯落在東西南北四個主門，以及供奉金色佛像的中殿之間。

清晨五點，湧入的信眾已使這座緬甸最神聖的佛塔，看來有如市集一般熱鬧。由日出的山丘上俯看著仰光全景，能看見在荒禿的城市景象之外，是有著林木蓊鬱的熱帶森林。這片東南亞最後的神祕土地，是也許短短數年後即不復存在的景象。在到過柬埔寨的吳哥窟之後，這裡是另一個真正可稱得上「神祕」的佛教古蹟了。但不同的是，吳哥窟的人群大多是觀光客，而這裡，從我進來到離開，眼前所見幾乎皆為當地人。在這一片金碧輝煌之中，這些當地人（說不定那些換錢騙子也在此處同樣地參拜與奉獻），被清晨第一道曙光所照耀，彷彿也成為了佛的一部分。

因此，那個為了逃避給付門票錢而穿上Longyi（緬甸男性下半身穿著的長裙）的我，這時候反而才像是個騙子。於是，我走向出口，在收票員以為我是在地人而稍帶驚訝的眼神之下，給出了原本想要逃避付出的五元美金。

由雪達光大金塔所在的山丘上，
能看見林木蔥鬱的熱帶森林。

改變，正在發生

在暗夜中只看見通往首都內比都的公路，被路燈照得筆直，一片光明。看到這景象，身為一個外國人，很容易就會被激發出不平之氣。顢頇、獨裁、昏庸無能的軍政府倒行逆施，毫不在意人民觀感，使得這個曾經是東南亞資源最豐富的富庶地區，變成全世界最貧窮的國家之一。若將翁山蘇姬被軍政府釋放的二〇一一年底，視為緬甸向世界開放的開端，那麼，我確實看到了某些改變正在發生。

離開仰光前的下午，我在中國城附近的一家文具店內看漫畫（是的，盜版日本漫畫）。店員張小姐是出生在緬甸中央東部撣邦首府「東枝」的華人。由於與中國接壤，以及彭家聲的果敢部隊影響，眾多華人居住在撣邦。我向她問起緬甸的近況，不知是否如我所想，緬甸正在改革開放的初期。

仰光街頭已可見到有人「膽敢」販賣翁山蘇姬的相片，此外，旅館價格也在一年間翻了一倍，而與當地人對談時觀察其態度，也與書中所描述的樣貌不同……種種皆可看出，這個國家正處於改革開放的初期。當然，這不過是以觀光客的角度來看，若以此來斷定這個國家「會變好」，未免太過天真。

「這一年間仰光的改變，是過去三十年從沒有過的。」張小姐說，「因為從來沒有過這樣的改變，所以我們也不知道未來會怎麼樣，現在可以說大家都正在觀望。」

Yangon

4790 km

這樣的「觀望」表現在緬甸人身上，他們必須展現出一種比平常更加謹慎、沉靜、抑制的情緒狀態——必須壓抑對未來的過度期待，如同想領到更多壓歲錢的小孩，必須在新年期間儘可能地乖巧一般。這並不是說，緬甸人具有聽命的奴性——恰巧相反，處於經歷天譴般的熱帶氣旋，與番紅花革命被鎮壓時期後的緬甸人，理解到幾乎所有激進方法都已失效後，以如同豹子一般的沉靜與銳利的心智，持續關注緬甸政府的一舉一動。在我接觸過許多緬甸人之後，我認為他們知道的其實比我們想像的還要多出許多，他們並非無知，只是假裝。

這就是為什麼我經常感覺到緬甸人和善的外表下，其實有著世故而不可侮辱的嚴肅性，這樣的嚴肅感，也許是外在的苦難與內在的信仰交互作用下所產生的。

離去前，張小姐告訴我，我可以前往曼德勒找她的老闆黃先生，他在台灣住了很久，後來回到緬甸，「是個很特別的人」她說。

純真茵萊湖，我的腦內釘子戶

坐夜車離開了仰光，一早，便抵達了與茵萊湖相距最近的小鎮烏水（NyaungShwe）。Check In 後，我與達米安、亞歷山大和克里斯欽三個法國人，立刻搭上了茵萊湖的遊船。我知道東南亞一向很多法國人，而且愛玩也會玩，但這裡實在是太誇張了，大概茵萊湖百分之六十的遊客都是法國人吧。

跟仰光的情形相同，不斷湧入的遊客使當地基礎設施變得有點難以招架，由此可看出緬甸的觀光業開始活絡了。當然，在越益濃厚的商機之下，住民們的羞澀也逐漸轉為世故。

遊船帶我們到水上市場、藝品店、鐵工廠、造紙廠、菸草廠、寺廟以及餐廳，各處都點綴著等待拍照的長頸族人（但比起供拍照的長頸族人，我更想拍操作織布機工作中的長頸族人），和有著以會跳圈圈的貓聞名的水上寺廟。我帶著昨晚長途夜車上的疲累，在長尾船上半睡半醒，看著湖上不時用腳來回划槳，以騰出兩手操作魚簍的漁夫，心想，他們就算在這種地方，也仍然穿著Longyi，實在是太辛苦了，不過對於克里斯欽和亞歷山大拍照的興致來說，這樣的景象顯然有絕佳的加分效果。我和達米安則聊起法國、台灣，以及我之後要去東南亞其他國家衝浪的可能性。

長尾船在各個水上市場間不停穿梭，一直到法國朋友們露出明顯不悅表情為止，也許是覺得被強迫推銷了？但是我所看見的茵萊湖小販們，一點也沒有亟欲強迫我們購買而流露過度的熱情，而是一種渴望你購買，卻又不敢太過主動的靦腆。當我向賣紀念品的小姑娘殺價時，她也只是露出羞澀的微笑搖搖頭。那種前所未有、對於觀光客的不習慣而表現出的不知所措，幾乎都要令我羞愧了。

Inle Lake

5198 km

雖然已開始有了觀光商業之雛型，但這裡完全還沒有被那該死的商業氣息汙染啊。然而，走過了仰光以及之後的曼德勒，我幾乎可以確定，此時的純真景況，一如我在五年前的吳哥所見的，是在未習慣觀光客前所遺留，最後一抹人的、而非錢的光輝。

回程，長尾船在不算大的湖中央靜靜地停了下來。灼熱的、亮麗的火紅夕照，在光線的微熱浸透皮膚之時，夜間的冷風卻已讓皮膚起了雞皮疙瘩。我不自覺環視周圍的山巒，稍稍回顧到目前為止，這一段克難卻十分滿足的旅程。對我來說，我並不想挑戰極限，我只想要看到「那片風景」。那，大概就是即使哪天我老人癡呆了，也仍會死賴在記憶中、不肯離開的腦內釘子戶吧。

（上圖）黃昏的茵萊湖。（中圖）遊湖所載運的四人座小艇。（下圖）想飽覽周邊風景，得先扛腳踏車過橋。

來自先進國家的景點收集者？

在印度時，遇到許多獨自旅行的背包客。

背包客有千百種，但他們在來到印度時，似乎都已做好了適應與妥協的準備。眾所皆知，印度其巨大的文化特異性，從不為觀光客改變。如果連英帝國百餘年的殖民統治，都沒有改變這個國家，那麼也許今後也不會有任何外在力量，可以把印度改造為印度以外的地方。會來印度的人，可能對於靈性層面上都做了一些心理建設，這使他們一般看來虛心謙卑，像個學生般，而不是貪圖舒適的觀光客。

於是相較起印度，我並不喜歡有些背包客在緬甸的樣子——自認為去過那些難以到達、觀光客稀少的地方，然後放任自己表現出一種看不起大眾景點（包含睥睨那些只去大眾景點的觀光客）的傲慢。比起來，那些團體行動、吵吵鬧鬧、嘻嘻哈哈的觀光客，還算是十分可愛。即便我明白，對於這些握有豐富資訊與金錢的歐美年輕背包客來說，緬甸仍是剛剛要開始成為「大眾化」行進的特殊景點，而他們則是利用此地來滿足追求自我膨脹的欲望。這其實與在穿著上追求時尚流行的心理狀態，並無二致。

來到此處的青少年旅行者，抱著一種「景點攻略與收集」的心態，意欲深入緬甸的偏遠地帶，然後在目的受阻時，對著旅館人員看似理所當然地大呼小叫——這種過度目標取向，幾乎將旅行變成了一場又一場的高壓考試，其實某方面也就具體而微地顯示了

Mandalay

5392 km

東西方觀光客的基本差異——他們期望在旅行中冒險，以補償成長過程中的安適體制無法給予的事物，我們則在不斷襲來的人生高壓中，希望旅行給予輕鬆、舒適、安全、無須擔負麻煩的自由體驗。

若不讓這些來自先進富裕國家的年輕背包客冒險、受苦、擔驚受怕，他們反而生氣。其中將這種心態發揮到極致的人，也許是某些日本人。我已不只一次看過，不是那麼缺錢卻堅持進行最危險、偏遠、甚至令人匪夷所思旅行方式的日本背包客。在對其感到佩服的同時，也同時認為像這樣「證明自我」的動機，有時會是一種看似崇高，卻每每陷他人於不義的舉動。旅館員工、司機、路人以及小販等當地人，對旅行者們提供的服務和協助，因為太過於豐沛熱情，以至於我們有時幾乎不知天高地厚地奮不顧身。若非新聞從業人員般的工作者，並無必要為了沒有通往密支那（Myitkyina）的經常性車班而大發雷霆吧？難道就不能改去一小時車程的品塢倫（Pyin U Lwin）嗎？

黃昏之際，或黎明來臨前的國度？

這座曼德勒市內最知名寺廟內所擁有的寶藏，是位於寺廟中央神龕的一座黃金佛像。其表面可見由一層層金箔覆蓋成的、凹凸不平的結瘤，黃金所發出的光芒，在粗糙醜陋的佛像表面上，形成了難以言喻且不忍卒睹的深淺對比。由寺方工作人員熟練地重

（上圖）瑪哈牟尼寺的信眾。
（下圖）讓我想到「國軍兵棋推演」的巨大地圖。

複貼上金箔的動作，可以想像，信徒們直至今日不斷藉由捐獻金子的舉動，以信仰支撐自身和寺廟存在的意義。若考慮到他們在物質上的匱乏，其付出便顯得不成比例的巨大。曼德勒，甚至整個緬甸，幾乎是一個停留在過去的「佛國勝景」。在這裡，瑪哈牟尼寺內的黃金佛像、大金塔、曼德勒山丘上的夕陽餘暉，似乎特別令人感受到緬人的鄉愁：這是個黃昏的國度，任何事物都在步入「結束」，而嶄新的事物則潛伏於黑暗中等待著。

離寺廟不遠的建築物內，站在中央地圖模型前，我的腦海立刻浮現「中華民國國軍兵棋推演」時所用的保麗龍立體地圖模型。正想到在台灣看過的此類地圖模型周圍，可能搭配著「還我河山」這類的標語，卻發現那位置被小小東南亞風格的佛像模型給取代了。以佛教外殼包裝的軍用地圖，其政權（Junta Regime）以佛遍照十方的加持而獲得統治的合法性，這就是我稱其為「軍用」地圖的原因。沒有一個民族，會像緬人花費如此大的心力依臆想去打造一個完整的佛教世界，而這座巨大的地圖室，就像二十年前台灣的B級景點，將鄉愁和想像力完美結合——而對緬甸人來說，它目前還是個A級景點。在對佛的虔誠和對過時想像的訕笑之間，以及對幼時看過的「十八殿閻王洞穴雕像群」的懷念之際，我對這樣過時的事物還會在這裡存活一段時間的狀況，感到心安。

LAOS
THAILAND
COMBODIA
VIETNAM

華人的願景，明日的緬甸

在曼德勒的最後一日下午，按著仰光書店張小姐給我的名片，找到了黃先生在曼德勒的書店。跟仰光的一樣，這是曼德勒唯一的中文書店。

黃先生告訴我：「那時後的緬甸華人子弟，到台灣上大學是唯一的出路。」他跟太太是在台灣念書時認識的，畢業後他在台灣加工出口區工作了八年，太太則在學校服務，小女兒出生時，他們賣掉房子回到緬甸，一圓開設中文書店的理想。那時的緬甸還有排華的風潮，華人不被允許開設中文學校，但隨著中國在緬甸的影響力日增，他們將店內許多二手繁體中文書換成簡體中文學習教材，生意便開始有了起色。最近，在書店對面，據說有中方資金的中文學校開始成立，於是黃先生包下了所有的教材訂單。談到台灣和大陸在國外文化影響力的消長，他認為，撇開個人對台灣的情感，中國才是他們的未來。即使緬甸之後開放，中國的影響力也不可能消退。

當他十幾年前決定回到緬甸之時，親戚朋友都盡力勸阻。然而他已佔了先機，在自己的故土，從事自己喜歡的文化事業，而今親人都在身邊，生活也算悠閒自在。

「但如果之後要擴大經營事業，目前經常停電，對企業發展不會有影響嗎？」我問。

「其實這樣反而好，水電用得少、消費少，也會形成門檻，使大企業必須花費代價進入。以台灣目前的人口稠密和工作時數，一旦一個行業有利可圖，在極短時間就會趨

Mandalay

5397 km

於飽和，但在這裡，你有很多機會和時間去嘗試，但這對大企業是不可能的，因為時間就是金錢。而在這裡，時間比較便宜。」

「那你會想再回台灣嗎？」

「我親戚都在台灣，隨時可以回去。也許會等我大兒子醫學院畢業吧。」

果然，華人不管到哪裡，生命力都是最強的。這話並非出自一種文化優越感，而是華人的勤勞加上肯動腦的現實主義（再加上為數眾多），不管到哪裡，對於當地人的威脅感都是非常大的。

黃先生繼續說：「還有，緬甸人比較不像我們華人這麼勤勞，他們賺夠了也許就去休息或買酒喝，但我們會積存得更多——不是為了自己，而是為了我們的下一代。」

「你覺得這裡以後會變得更好嗎？」

瑪哈牟尼寺的金佛。

「肯定會！」他的語氣充滿了樂觀。「其實我們華人在緬甸的生活，一般都是比當地人好的，而且在這一年之中，我們已經看到了許多發展的可能。現在我已經有三家店，每一間新開的店都是用前一家的盈餘去頂的。我開第一家時，花了五年才打平，第二家只花了三年，而這一家若加上這筆訂單，」他指著對面的中文學校，「我已經抵掉第一年的所有支出。我最後一定會回到東枝去開店。」

生活在緬甸，就未必沒有好機會。此時此刻的緬甸，說不定很快地就成為改革開放初期的大陸，也許十年內便會脫胎換骨，成為另一個亞洲重要之國。

在黃昏的書店中，一個穿著西裝的人走了進來，以不流利的大陸口音，詢問著女兒應該使用什麼樣的中文教材。我看著交談著的兩個男人在紅色微光中的剪影，很快地，他們就不會只是原來的他們，而緬甸，也不再是原來的緬甸了。

著傳統服飾的緬甸婦女。

ထီးတော်ကြီး

Ⅱ

身在其中的舒緩
與亟欲逃離的安定

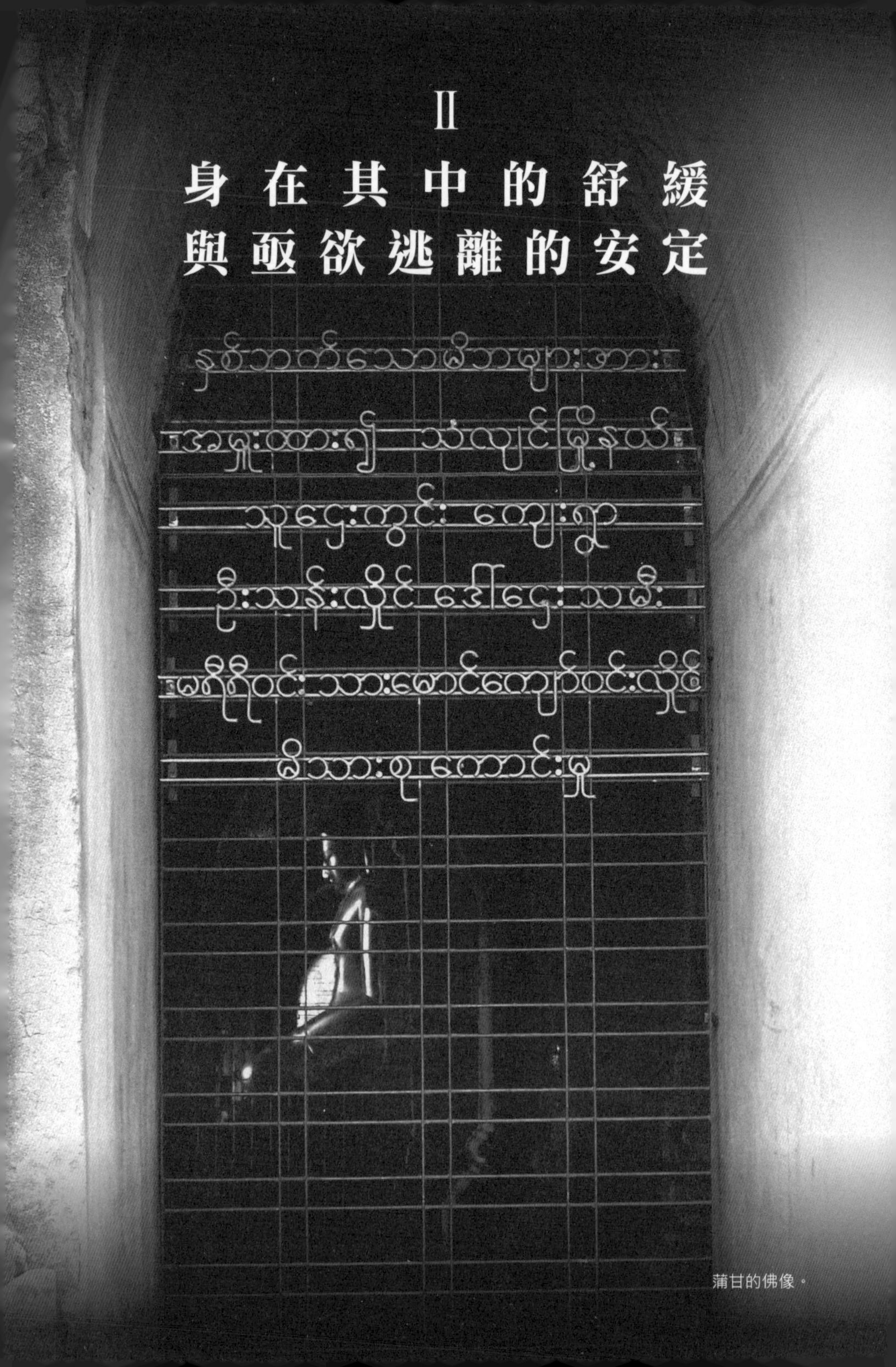

蒲甘的佛像。

當小王子遇見了佛陀，蒲甘
冉冉升起的熱氣球，是超現實的水滴。
當瑪格利特在東日升空。於是
逆著地心引力上落的世界讓小王子遇見了佛陀，
水球終將落下
被四百萬針刺破，釘床上的瑪利兄弟。

在伸手不見五指的漆黑中，爬上一座廢棄佛塔的頂部，打算找個安靜的地點觀看日出。在夜色航向微明之前，只見到佛塔在投射燈光下兀自豎立。佛與獅子，其與幽深不可言說之物一齊出現。在黑暗中等待日出前所感受到的微妙事物，並不是像鬼魂那般意象明確的東西，而是必須在那黎明前等待，才會察覺到的事物。旅行中，我已好幾次在日升、日落時分等待——是的，如果不是在那一刻，「它」就不會出現。等待。在蒲甘，那號稱的四百萬佛塔跟前。

與背包客同行

在印度坐過火車後，我以為再沒有其他的火車體驗能讓我吃驚了。但坐在如同迎

風搖曳的野草莓般、左右搖擺的緬甸車廂之中，實在難以想像這種龐然大物，在行進中竟然能夠晃動到如此驚人的角度，車廂成了百貨公司聖誕節限定搖頭娃娃，又像是日本的達摩娃娃，使我在緊張與驚駭之中，卻又不禁覺得有趣，就像看到大象跳舞一樣地可愛。

每次長途移動抵達的時刻，都幾乎剛好是凌晨四、五點之間。此時是最難找旅館的，因為房客正酣，而 Check Out 時間尚遠，由車站到旅館的車最少，旅客也最少的時刻。若在這個時候瞧見其他的外國背包客，一定要若無其事地緊跟上去——這可是大海中的浮木啊！什麼「孤身一人浪跡天涯」那類浪漫卻毫無意義的想法，在預算的面前，閃到一邊去！

冉冉升起的熱氣球，
如同超現實的水滴。

為什麼一定得跟著老外呢？

名副其實孤身一人旅行的我，每天都不浪漫地與預算搏鬥，而偶爾感覺疲累或同情心氾濫時，更是付出許多意料之外的金錢。這份斤斤計較的功夫，是力求在搭車、吃飯、購買紀念品、香油錢、詐騙等所有方面，將與日常相較之下微不足道的錢搶救回來。歐美背包客們比我們更節省，因為他們在外表上更為顯眼、要去的地方更多、付出的時間更長、地點更偏僻、難度更高，因此鍛鍊出更強的殺價技能，而且對於價格詐騙的警戒心也更敏銳。因此，與外國背包客同行，遇到需要共乘與議價之時，我就會適時地退後，讓專業的來，讓他們一展長才，自己又樂得輕鬆。

流浪基因？

凌晨五點 Check In，放下行李馬上呼呼大睡。醒來踏出房門，帶著牙膏、牙刷的我，還沒走到洗手台就被大廳傳出的標準國語給吸引了。也許我看來不像台灣人吧，一開始她們並無注意到我，直到我出聲詢問。

從啟程至今，我還沒有機會與講中文的台灣背包客接觸，即使在路上難得遇見，也僅是匆匆一瞥，而且，像這樣從台灣出發來這種地方的背包客，並不常見。

離開台灣四年的我，好想知道小島的消息啊。

跟小汪、琪琪，還有小汪的媽媽（怎麼會有人帶媽媽來這裡旅行？）用國語聊天，有種神清氣爽的解放感。比起聊天的內容，可以與來自同樣生長環境的人溝通無礙地使用母語，幾乎令我想叫上一手啤酒，光天化日地暢飲起來！

小汪是個溫暖又健談的女孩子，本來跟三個人聊天的我，很快地就幾乎只跟小汪對談了。

一直到旅行結束為止，我沒有遇過單次旅行時間比我更長的台灣人。如果說我沒有因此自喜，那就是騙人的，但如果這樣就覺得自己很了不起的話，那可就大錯特錯了。

「我從紐約到印度，再從印度過來的，目前正處於旅行的中點，之後打算前往除了菲律賓以外的所有東南亞國家。」我盡力掩飾語氣中的些許得意。

「好棒噢。」小汪瞪著大眼睛。

「那妳呢？去過那些國家啊？」

「嗯……」小汪歪著頭：「英國、法國、德國、荷比盧、西班牙、葡萄牙、希臘、瑞士、義大利、丹麥、挪威、瑞典、澳洲、紐西蘭、芬蘭、波蘭、捷克、緬甸、寮國、柬埔寨、越南、印尼、新加坡和馬來西亞、菲律賓、日本、韓國，還在泰國住了三個月……讓我再想想噢……」

我頓時語塞，這傢伙到底幾歲啊！被這個看來至少小我五歲的女孩狠狠打槍啦——喂，你在幹什麼，竟然只因為去過印度，就在那邊自我陶醉啊——此時的我，真想找個地洞鑽下去啊。

但心裡又泛起了微笑。果真，世界好大，台灣人還是不可小看。若不走出來，又怎會看到如此有勇氣來這種地方自助的台灣背包客呢？

「但我沒去過印度耶。你很厲害耶，怎麼敢這樣就去了？」

「沒有啦，就那時還看滿多寶萊塢的……」我再也不敢造次，實在不能看輕我們台灣背包客啊。

分享了曾前往哪些國度後，小汪問道：「那麼，其實你也有著流浪基因了？」

這個超級開朗健談的女孩，實在不是我想像中會說出「流浪基因」四個字的人。是不是應該要由更空靈一點的人來說會好一點呢？但由於她的表情實在太認真了，所以絲毫不讓人覺得矯情。

忘了我最後怎麼回答，也想不起其他的談話內容，那次談話所留下的，似乎只有「流浪基因」四字。

我有嗎？流浪基因。

在開始旅行前，我認為我有。但當結束印度、緬甸之行，搭上從加爾各答前往曼谷的班機，脫離了這段時間的不便、落後與緊張，瞬間感覺如釋重負之時，我又覺得自己並非是那麼適合「流浪」的人。如果真有「流浪基因」，我可能也只有那麼一點點。

而所謂的流浪基因，又應該如何顯現呢？我不是一個容易沉浸在旅行氣氛中，而做出罕見的瘋狂舉動、那樣「活」在旅行之中的人。像是跳進恆河中游泳、異國戀情、深度冥想、忘情地與陌生人跳舞或專走人跡罕至的地方……這類的事情，我從未做過。說起來，在火車站（被迫）與印度人一起過夜，勉強算「非日常」吧，因為我平常就不是會做這些事情的人啊。所以為什麼到旅行時，就會比平常更解放、瘋狂呢？我寧願相信那些會在旅行大解放的人，平時也是那樣的個性。我總覺得，旅行始終都是生活的精煉（或許帶有理想化的成分），而非脫離本性。日常壓抑而強迫自己在旅行時去High，或者突然變成大爺、做違反本性的事情，這樣的落差是否也為一種暗示，說明這種平日壓抑、旅行放鬆的生活方式並非平衡，需要變動與調整？

我又回想起在美國的時光，感覺到自身生活出了問題卻無法釐清時，我總是一再觀賞高佛瑞・雷吉歐（Godfrey Reggio）的《機械生活》（*Koyaanisqatsi*）。片中壯麗的自然美景，與工業時代大量且快速的美國社會影像並列（Juxtaposition），觀看影像的我像是工業生產線下的電宰豬肉，羨慕著大峽谷晴空下的野豬。若這感覺於我如此強烈，那麼我必然需要流浪基因，那是我得以支撐日復一日的理由。

但出發了一段時間，那最初做為遠行動力的存在逐漸消失。我和目前正進行的事情之間，已不存在「我」這個人到底適不適合旅行，或旅行對我之意義這類的問題。我現在只想要繼續走、繼續看，而且就以「平常的我」來進行，不瘋狂、不尋求亦無解放，只是騎著腳踏車，在蒲甘一座又一座的廢棄佛塔間移動。

那種單純的肌肉疲勞與內心的讚歎交錯，這種喜悅即是流浪本身之目的。

經過一天的行進與思考，原本希冀當晚能再巧遇三位同鄉，大廳卻是空空蕩蕩。

蒲甘的小導遊

難以相信，這些觀光客們竟然使用閃光燈拍攝，對待許多不知名的佛塔內，由不知名的繪師在數百年前所繪製，精美而脆弱的壁畫。我制止了一、二個外地人，但當一群又一群的本地觀光客、朝聖者亦如此對待這些藝術瑰寶時，我放棄了。

不是因為人數過多而不得不放棄，而是因為在他們並不明瞭錯誤之時，固執己見的強力宣導只會顯得自以為是。我沒有傲慢地認為自己觀念「正確」到可提升在地人的古蹟保護意識，於是只能沉默，用安靜的 iPhone 鏡頭，輕柔地掃過我所鍾愛的古壁畫。

使用一次閃光燈減少瑰寶六分鐘壽命，無異於對佛處以如同凌遲般之大不敬。

坐落在蒲甘平原上的四千多座佛塔（自古有「四百萬佛塔」之說，但實為修辭上之誇耀。即便極盛期，蒲甘平原也只有一萬多座佛塔，而今所記僅餘四千多座），被認為是東南亞少數能夠與吳哥匹敵的古蹟。當看到在較大的佛塔周圍架起簡易棚子，販賣簡單食物、紀念品等時，我想起五年前到吳哥時所看到的景象，因觀光帶起的人民生活發展的軌跡，再一次在此處起飛了。正當我站在廢墟間緬懷時，一個臉上塗著香粉的小女孩走了過來：「走，我帶你去看比這更好的！」

哦？

我並不認為真能看到更美、更令人驚異的美景，相較起來，我更感興趣於生活於觀光區的緬甸人，其商業謀生手法與印度人竟如此相似，連台詞都一模一樣。這女孩看來和茵萊湖的女孩一樣天真，但學得的謀生套件並不相同。在心裡進行此種人類學或民俗誌上的比較，令我感覺自己像是在巴西進行田野調查的李維史陀（Jean-Claude Levis Strauss，法國社會學與人類學家，結構主義的奠基者），雖然不無一種殖民主義式的優越感以及與其對應的罪惡感，我還是說了「OK」。

廢棄佛塔內的壁畫。

朝聖（觀光）客們。

離開這座較大的佛塔遺跡，走入大約二十公尺外、看來平淡無奇的平屋頂佛塔——看來就像是近幾十年間才蓋好，而狀似台灣土葬的古墳。小女孩不斷跟我攀談，問我有沒有女朋友、結婚了沒、做什麼工作等等，我知道她是在把握機會練習英文，因為她表現出對外界的求知慾與積極態度，眼睛更是發著亮。接著，她從那過大的包包拿出學校練習簿，一堆圈圈的緬文。

「以後想做什麼呢？」我問。

「我要當醫生。」

「嗯，很好啊！」

「但是，我沒有錢。」

連這麼小的孩子，也知道自己沒有錢。緬人非常清楚他們是亞洲最窮國家的國民，他們不時透露出「我們知道自己很窮」的態度——這使得所謂「貧窮而樂天」的神話，在這裡成為外人實際探訪當地前的一廂情願。但這裡不像印度那種多到你會耗盡同情的不忍卒睹，緬甸人生活的辛苦，往往只能從他們偶爾吐出的一字半句去揣摩。

「請看這個。」她鄭重地介紹一堆「看起來曾經是佛像」的石頭。

「佛像？」

「對，就是這座佛塔所供奉的佛像。」

到了屋頂，她又向我介紹四周所見的所有佛塔。我不想打斷她的「表演」，那賣力的姿態，就像是個在台上做報告的學生，使我覺得自己像是打分數的老師。但比起女孩夢想中的「成為一個醫生」，我認為她更適合做個導遊。不過，不同於印度觀光區「買空賣空」的年輕小導遊，這小女孩其實也只是單純地想藉機兜售明信片。看來，在她的小腦袋中，還沒有建立起「導覽費」的概念。於是，我買了幾張明信片。

在承受了許多磨難的這片大地上，我希望未來的緬甸，會繁榮興盛到讓女孩可以自由選擇適合她自己的職業。

夜行大金石，星空下的神祕體驗

回到仰光後，一時興起搭上了長途巴士，前往約四個小時車程的小鎮 Kinpun，也是緬甸另一個佛教聖地吉諦瑜（Kyaiktiyo，或俗稱的「大金石」）的入口。抵達 Kinpun 後，還需搭乘約四十五分鐘的車程上山，再花一個小時步行上坡，才能置身於這個被譽為「奇觀」的佛教聖地。

然而，登了頂才發現，與其說是聖地，不如說這裡是一個佛教主題樂園。當然不是說這裡像是假日出遊時帶小孩去的那種兒童樂園，而是以遊樂資源匱乏的緬甸而言，吉諦瑜除了做為緬甸知名的聖地之外，也同時擔負了民眾假日休憩空間的任務。

這裡最適宜的參訪時間，當然還是清晨和日落。但無論選擇哪個時段，若想看見夜色下的大金石，去、回程都只能靠自己步行，因為唯一的交通工具只在日間行駛——

石頭上，貼滿了厚厚的金箔，禁止女性進入。

就算緬人司機的技術再高明，於夜間行駛滿載朝聖者的小卡車，在曲曲折折、彎道時常超過二十度的山路，事故率還是太高。

接近山丘頂端，就可看見遠方那顆大石頭，巍巍地懸在空中。跟曼德勒的黃金佛像一樣，女人不被允許靠近這顆黃金石，我不知道這其中有什麼關聯，是「女人不能接近黃金」或「別讓女人管錢」的意思嗎？僅有男性得以進入以柵欄管制的入口處，所以我看見了鈔票夾於劈開的筷子中央，抵住大金石的底部，象徵著支撐那看似搖搖欲墜的金色量體。

夜晚的大金石依然燈火通明。

石頭底部，劈開的筷子夾著鈔票「支撐」住石頭。

在大金石周圍的廣大觀景平台上，有好幾處住宿點，甚至有僅供朝聖者席地而眠的簡單水泥建築。所有圍繞著這顆大石的日間常景，到了夜裡，便彷如慶典般燈火通明，一旁的小路，更成為販賣各式食物及紀念品的夜市。由這些熱鬧抬頭上望，夜晚的深藍，襯托著已被金箔黃袍加身的巨大岩塊、相機閃光燈與各式色彩的霓虹燈……遙望遠處燈火通明的寧靜，讓尋找著夜間下山道路的我，突然有種身在深海龍宮城中的錯覺。此起彼落的光源閃現，彷彿深海中發光生物們的交會，即使那令人惱火的間歇停電，看來也像是深海魚

群集體求愛時所發出的電波脈衝。這奇妙的景色讓人想在此停留得更久，但我必須走四個小時的山路獨自下山，片刻也不能緩。

遠方閃電不時劃過絲綢般的夜空，我沿著唯一的路徑下山，希望能在晚上十一點前回到 Kinpun。從未獨自在這樣的山路中行走，因此在沿途偶爾遇見村民及攤販，我必定詢問：「真的是這條嗎？」得到肯定答案後，才有信心繼續向前。

大多的時候，我都是在全然的黑暗中行進，只聽見樹葉迎風婆娑的聲音和遠方隱約的狗吠聲。走過一座毫無裝飾的樸實水泥橋，聽見了青蛙此起彼落的共鳴，好似祈雨的誦禱，而天空閃光的頻率也正穩定增加，這些徵兆令我思考在三月大雨中夜間散步的可能性（不禁打了一個寒顫）——我這時應該更加快步前進，儘早抵達終點啊，然而，我停了下來。

星空再一次張開雙臂對我開放。這一次與在齋沙默爾時不同，身旁沒有任何人類，只有陰暗的森林被微弱的月光切出的剪影。那些在天空中芝麻大的星點，在越來越頻繁的閃電中，不時被洗去重又出現。獨自行走於山路、害怕大雨即將來臨而無處可躲的恐懼感，以及在蒼穹之下的世界所顯現出的恐怖與神祕，以一種難以直視、亦難以移開目光的執迷，增幅了這片星空在我記憶裡的深度。若非初次、若非獨自一人，我就不會體驗到，自然其實是極致的美與恐怖並存的顫慄，一種生存之美。

雨滴伴隨著響雷落下，沒帶傘的我，不得不走到路旁的一處高腳茅屋（隨處可見的攤販棚子），我敲了門，用手勢和英文告訴裡頭的人，下雨了，而我無處可去。男主人迎接我進屋，我看見他的妻兒與母親，在整個屋子唯一一根蠟燭的映照之下，所有人的臉看來如此木然。雨勢未歇，我想著，說不定今天得宿在這裡了。

男主人遞給我一顆植物種子，我想大概是檳榔，但看來比台灣的小且成橢圓形，口感亦不那麼豐富、濕潤，我嚼了嚼，吐進了他們開於屋邊的小洞。他們的表情，沒有好奇、沒有想獲得任何利益，也沒有刻意表現出的友善。當我努力地想吐掉口中剩餘的檳榔渣時，他們笑了，但其他時候，他們都安靜地坐在四周，做著自己的事情，或僅是看著我。比起印度人，緬人較少表現出熱情或激動，也不似泰人那麼友善，這使得我在他們面前，也只能以沉默來回應安靜，或以微笑點頭來感謝他們的幫忙。

雨勢漸漸變小，我起身離開，腦海中印著他們平靜而尊嚴的表情，想到剛剛在星空之下所經驗到的，再想到日日都處於生存奮戰與夜空洗滌之下的一家人，我終於明白了一位紐約的緬甸同學所說：「大金石是緬甸最神聖之處。不是因為這顆石頭而神聖，而是因為允許不掉落的巨石在此處發生的力量本身，即是神奇的。」

由於堅持夜間到達。才不得不走這令人害怕的夜路下山。但若沒走過這段路，也許這裡在我的記憶之中，就只是一個觀光景點，而不會是一段深刻的體驗。

泰國，考山路的背包客大觀園

任何經由陸路進入或離開緬甸的所有嘗試，皆徒勞無功。緬甸的平和、純樸，以及近來實行改革的開端，並未改變這是一個由獨裁政體鎖國的根本現實。我不得不由空路離開仰光，再抵達泰國首都曼谷，這個東南亞的文明首都；對已抵達此地的背包客而言，這座城市的補給所，則是在考山路。

考山路的兼容並蓄，不只容納像我這樣以「古典」方式獨自旅行的背包客。就拿我隔壁寢室兩個從堪薩斯來的小伙子來說——他們對旅行、探索一無興趣，僅僅把專注力放在學習關於把妹的泰語詞彙。到了晚上，更不時看見他們裸著健身房練出的肌肉，驕傲地走來走去。我想直到我離開，他們也沒搞清楚我是當地人還是背包客。考山路可說是擁有各種類型的背包客大觀園，也只有在這裡，看得到這麼多的「夜店咖」觀光客。

來自全世界的人們，各種相遇、分離、探索、流浪……聚集在這方寸之地，自認與這些曼谷故事無緣的我，靜靜地以局外人的眼光，看盡酒氣與水氣、肉體與靈性的碰撞，這些喧譁又孤寂的享樂者。我在旅館高處的陽台上居高臨下地望著這一切，如同溫德斯（Wim Wenders）《慾望之翼》（*Der Himmel über Berlin*）中渴望躍入凡間的天使。然而，時候未到，此刻我仍得孤身一人繼續前進。

考山路的街道與招牌。

席中寺的坐佛。

素可泰，佛的金指

之前因為受到當時上映、被我稱為「泰國魔戒三部曲」的《納瑞森王》（*King Narusuan*）所影響，而前往世界遺產的大城（Ayuttaya）王朝遺跡。這次，為了在旅遊書上曾看過的一張「黃金手指」照片，我來到素可泰（Sukhthai）。這座城市比大城的歷史更為久遠，為十三世紀的蘭納泰王朝，蘭甘亨大帝之城（King Ramkhamhaeng）。我想像，當時的泰國正處於如同歐洲中古世紀的文明進程，是蒙昧而列強環伺，民族國家即將形成的黑暗時代。這時期的泰國，面對著一直是北方巨人的宋朝，以及充滿威脅的東西鄰邦。東面的主人是正大興土木，建造包含宇宙曼荼羅「吳哥寺」的，蘇利耶跋摩二世（Suryavarman II）治下的強大高棉帝國，西面則為繼承了建造數萬座佛塔，由極盛時期的君主江喜陀所傳承的蒲甘王朝。

處於這時期的泰國，在強鄰的刺激之下，蘭甘亨大帝統一了目前泰國的中北部，建立了第一個強大王朝。在這些在中國正史下「充滿瘴氣之地」的蠻夷之邦，泰王國以做為宗教、知識與文化中心的佛寺為基座，緩慢地步向文明。今日被認為極為豐盛的泰文明，最初並不具備足夠的條件與資源，如同住在大河旁卻無法汲水的人家，只能等待雨水沿著席中寺（Wat Si Chum）中佛的身軀涓滴而下，流過佛的髮絲、面孔、軀體，直至其指間凝聚，一滴水至此，已化成了黃金。

這座位於素可泰遺跡公園古城門外的小佛寺，憑藉其黃金手指（Golden finger），成為比園區所有建築總和還令我印象深刻的原因，不在於那部同名的007電影，而在於它是個象徵：由涓滴細流開始的王朝（不像緬甸曾經遍地黃金滿溢般的佛寺），持續不斷的微小累積，最終勝過了那些曾經輝煌的文明遺跡。

身在其中，便想逃離；離開之後，卻又想念

在清邁某間背包客棧樓下餐廳的角落，一群又一群看來興高采烈的歐美觀光客之間，我獨自喝著象牌啤酒（Beer Chang）。此時打著蚊子及抓癢的怪異動作，讓我看來就像是喝醉的「咕嚕」。而事實上，我的心情正如《魔戒》中的這個角色，如此執拗地不滿足。

在印度和緬甸充分體驗不同世界的我，自以為是地抱持著一種印第安那瓊斯式的浪漫冒險心態，卻在抵達曼谷的一瞬間，想起小學遠足時到了休息站時的心情：有得吃有得買有得上廁所，但能不能趕快再度啟程，前往下一個目的地呢？

泰國就是那麼地舒緩、令人放鬆，彷彿旅途中的休息站。已開始微微濕潤的乾季末，笑容可掬的當地人、各式酸酸辣辣的食物，還有身著柔美飄逸衣著風格的年輕女孩，以

及她們那令人幾乎融化的泰語尾音——完全可以理解，為什麼有這麼多的老外乾脆就留在泰國不回去了。這裡對於大部分身處高壓生活中的現代人們，是一個便宜舒適、不用花太多心思的輕鬆選擇，但先前在印度與緬甸的旅程，對於我個人在感官和心智的震撼，成了魔戒般的誘惑：身在其中便想逃離，而離開之後卻又不斷想念。

亞洲人為了放鬆度假前來泰國，而由美國離開、反向回歸的我，旅行卻只為尋找那「前所未見」。有些人這一生，只能也只願從事輕鬆舒緩的休閒式旅行；有些人則是天生的流浪者，為看遍這世界而受盡磨難，視享受為罪惡，視停駐為畏途——我理所當然地處於兩端之間，而且似乎還對於在不甚便利的國家，進行獨自一人的克難之旅頗為適應（當然還是在《寂寞星球》的庇護之下）；反而對於飽受工作摧殘的台灣人最常從事的舒壓之旅，認知為零。這時的我還無法感受待在一個地方、什麼也不做的那種「無所事事的悠閒」，但我知道，擅長以這種方式給予慰藉的國家，肯定就是泰國。

我也許應該在此處稍微放慢腳步，為旅程的下一個挑戰而準備，但我就是一直無法安歇。不，應該說，令自己安於「無為、緩慢」，這本身便是一種挑戰——因為不移動的旅行，總是會令人「蹭得腳都癢了」。

異域，美斯樂，他們的故鄉

《異域》，電影裡裡艱苦存活的孤軍與柏楊的書。〈亞細亞的孤兒在風中哭泣〉的歌詞與電影中庹宗華陰影下的側臉。金三角的鴉片與國民黨九十三師。對歷史的無知使我們充滿負罪感，即使今日的鴉片已被煙塵中的茶園所取代。山火燒盡了已然乾枯的雜草，散播成空中的微小粒子，直至數月後的雨季，方落為秋耕的養分。極濃的霾，能將最猛烈的日照變成猶如從火星觀測的一粒紅點，而微粒將山丘之間的濃淡對比，變成達文西空氣遠近法的具現。美斯樂的夕照不知怎地令我想起嶺南畫派，然後那個不復存在的異域，又讓我再一次被「對歷史的無知」所充滿。

異域，非吾之國土。電影中的故事發生於緬甸，但現實中，位於泰國北部清萊府的美斯樂，卻是這些孤軍最終落腳之所。

清萊通往清盛（Chiang Sheng）鄉道的這處岔路上，想用「艱苦卓絕」來形容苦候四個小時而不得共乘雙條車者、想前往美斯樂的我。因為遲遲沒有共乘者出現，我不時拒絕司機大哥「包車上山五百泰銖」的提議，好貴啊，我得等待，反正我有的是時間。但即使如此，也不能拖到夜晚才上山，除了安全考量，在尋找住宿方面也較有心理餘裕。

隨著夕陽西下，我的信心逐漸動搖。在司機降價到四百銖又被頑固的我拒絕之後，他決定放棄我這個「奧客」，自顧自地一邊打牌去。直到我確定不會出現共乘者，想再回去找司機大哥卻又拉不下臉來時，旁邊另一位看來不像司機的年輕人跟我說，願意用三百泰銖的代價載我上山。

年輕人徵求原司機大哥的同意後，我搭上他的車，他以不甚流利的中文說明他剛好要回家，所以可以順便載我。

年輕人把車停在一個旅館前，我抬頭看著大大的紅色繁體中文招牌，果不其然，老闆跟台灣也有一段淵源。知道我是台灣人後，老闆聊起他當初在台灣的工作和生活。

那個時候，在美斯樂長大的華僑子弟，唯一生路就是考上台灣的學校。「來來來，來台灣；去去去，去美國」是那一代人甜美而艱苦的夢想，他達成了。在事業小有成就，也終於把孩子送到美國安身立命之後，年過半百的他，心中卻一直放不下這個「不是自己國家」的家，動了落葉歸「根」的念頭，他回到了泰國。

即使他一生戎馬的父輩為泰國掃平邊境動亂，而獲得泰皇特赦賦予其公民權，卻仍是有限制的公民權。在泰華人的身分，他們無法在美斯樂以外的地方獲得聘雇，也難以合法地經商。

華人在東南亞地區經商的名聲一向有口皆碑，卻也同時惡名昭彰。勤勉精明的特質使他們到哪都能獲得財富，卻不免令當地人眼紅，於是東南亞的華人或多或少都受到政治上的限制。「但是，」他告訴我：「即使如此，泰國百分之十五的華人，仍然掌握了這個國家一半的經濟規模，包括前總理塔克辛家族據說也有華人血統。」華人總是有辦法見縫插針。

「其實這樣更好，若我當時在泰國賺錢，哪有機會像現在過這種生活、貢獻鄉里？」他說。

「當時在這裡，應該過得很苦吧？」我說。

「苦啊。但是過了幾十年之後回想，反而覺得那時候快樂。我就想，那幹嘛不回來？你從美國回來的，一定會明白人在異鄉那種獨自受人欺負的苦，然後就明白，在故鄉的苦叫『大家一起苦』，就是有那種感情，你才有辦法到外面闖蕩啊。」

第二天清晨，我拿著老闆給我的簡略地圖，打算沿著環繞著村莊的鄉道走一圈。美斯樂市場規模不大，但平整的水泥底座還是透露了歸來華人對家鄉的奉獻。小山村的市場有魚頗令人意外，聽雲南腔的中文則更是讓我感覺遙遠又親近。制高處興建中的佛寺，也許帶有小乘佛教風格的佛塔形式，但建料及工法卻使人聯想台灣那些嶄新卻看來虛假的建築。我沿著鄉道行走，沿途可見鐵皮浪板屋頂和水泥平房錯落，在經過燒耕法而光禿一片的田地中間，竟有種不可思議的協調。

這也許稱不上美，卻帶著幾分阡陌連綿、雞犬相聞的桃花源氣氛。我隨意走到一戶民家問路，老人請我坐下來，問我是哪裡來的。不知道是台灣人的身分使我們的距離拉近了，還是在異地操同種語言這件事，使我們易於熟稔。總之，老人一聽說我是台灣來的，馬上告訴我，他已經回台灣過年好幾次啦。

「那怎麼不就在台灣跟孩子住下？」我問。

「不習慣嘛。」老人呵呵笑著，一邊把水菸遞給我。

一直等不到下山的共乘雙條車，一個好心人湊過來用泰語幫我詢問，確定沒有班次之後，用普通話說：「我剛好要下山接朋友，不如載你一程吧。」這位好心人原來是這裡的鄉長，他甚至沒有問我從哪來的，就聊起他當初跟死黨都念台大，在台灣住了幾十年後又先後回來，兩人都逐漸對於「異地的本國」感到無法習慣，而選擇回到這個「曾經的異域」。

他們都未明說，但我感覺到，台灣曾經的「自由燈塔」靈光在今日恐怕已經消逝，而美斯樂反倒如同昨夜星辰，在這些歸鄉者的眼中依然閃爍。

身為異鄉人的自覺，已滲入美斯樂人的靈魂，對他們來說，不具備這種自覺的故鄉意識，是難以想像的。我們理所當然在台灣擁有各種公民權利，享受身為「自由燈塔」的意識所帶來的安全感，然而這安全感卻使得我們開始安逸，喪失了某些吸引他們原本尋來的事物本質。

在我即將下車前，鄉長告訴我：「現在有能力了，當然要回饋自己的地方。」這裡，之於我們的異域，非吾之國土，卻是他們的故鄉。

（上圖）縣道旁的牌樓，標示著美斯樂到了。（中圖）山道旁的植物。（下圖）牌樓旁少數民族風格的人偶。

III
穿越國境的長途移動

在兩天才會到站的慢船上，面對無聊必須自己找樂子。

離開美斯樂後，我的移動癖又犯了。風塵僕僕地，一路經過泰北邊境美賽（Mae Sai）、清盛（Chiang Sheng）、清孔（Chiang Khong），然後在清晨坐上了船隻，度過了邊境，前往一水之隔的寮國邊境會曬（Huai Xai）。

慢船直行琅勃拉邦

也許從寮國獲得獨立起始，寮國會曬海關再也沒有看過台灣護照了。除了一邊研究護照結構設計與印花紋路方向、簽證貼紙貼錯地方（跟緬簽一樣，不能貼在護照上），還不時調戲同辦簽證的法國女孩、玩手機、服侍所有持歐美日簽證的老爺太太們，如此忙碌的海關要批准我的簽證，還必須請專人層層轉接到中南海，請有關單位批示並研討，持台灣護照者究竟有無資格在寮國海關直接入境，而不須請示寮國（中國）外交部、出入境管理局、港務部、海巡部、渡輪碼頭、船主、雙條車司機、泰國方向的雜貨店老闆、旅館業主、泰國（寮國）海關甚至路人……？在所有手續皆經審批後，我終於得以入境。

即使今日的寮國已不再像過去一樣，包覆在戰爭、赤貧以及舊法屬印度支那的華麗殖民幻夢之中，但搭乘慢船仍具有某種「不合時宜的浪漫」與「假想中的危險所激發的

Huai Xai

15,043 km　7147 km

興奮」兩者兼具的魅力。

有如康拉德在《黑暗之心》（*The Heart of Darkness*）中所描述的主人公，交織機會與欲望、深入殖民非洲的心臟般，我乘船順著湄公河直下，深入寮國民族精神文化的首都琅勃拉邦（Luang Prabang），旅程中可見兩岸密布的叢林、雄奇的石灰岩與沖積而成的沙岸交錯，河邊洗浴的婦女與孩童、錯落的茅屋，以及間或急駛而過的長尾船快艇。但與我所預測的氣氛相反：慢船內充滿著一種國際（九成以上來自歐美的人士，其餘則是泰國眷屬和我）大學生聯誼會般的，嘉年華式氣氛。由於長達兩天的旅程幾乎只能待在船上（除了夜間在Pak Bang村的旅館停泊住宿），欣賞周圍的風景而無其他活動，於是很快地，船上大部分二十出頭的年輕背包客，以一種裝酷的急切，盡可能地提著酒瓶找人聊天，然後為證明自己沒醉而爬上船篷頂。

我這個人最不合群。極力避免自我介紹、賣力裝熟找話題的場合。不過後來證明我是多慮了。由於長得太像泰國人（或寮國人，反正分不出來），所以從頭到尾沒人主動搭理我。

平心而論，做為一生一次之旅，而且很想與白人朋友交心的人，應該認真考慮規劃此種滿足文化與聯誼雙重目標的二日黑暗之旅。

時尚的暈眩，香通寺

跟廣為人知的譯名「龍坡邦」比較起來，我更喜歡另一個名稱「琅勃拉邦」。在寮國中北部高原，湄公河與南康河交會的這座沙洲之城，有個被稱為「黃金城市之寺」的香通寺（Wat Xieng Thong），歷代寮王皆在此加冕。我來到這裡，是為了一面「生命之樹」（The Tree of Life）——由閃耀的各色馬賽克瓷磚所拼貼而成，有著人類、老虎、鹿、烏龜與孔雀圖像之牆面。馬賽克瓷磚如少女指甲油般的夢幻色彩，經由陽光的反射所增幅的各色萬花筒似的光彩映入我眼簾，不知為何，有種近乎時尚的暈眩。

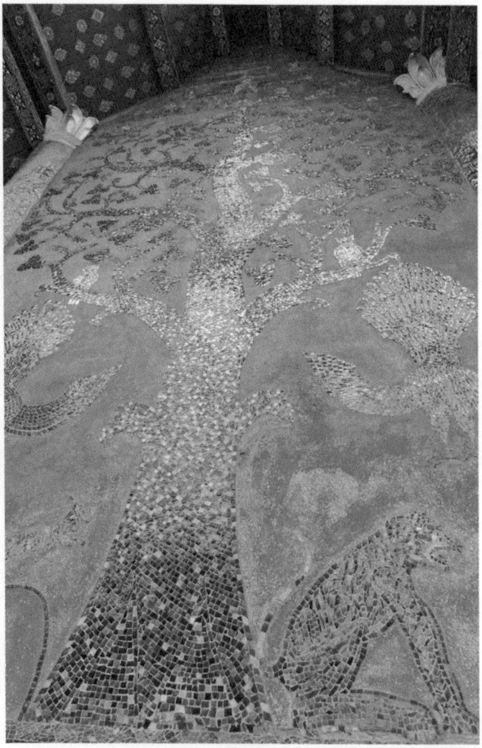

（上圖）香通寺的生命之樹壁面裝飾。
（下圖）KENZO 某季形象主題：於水深及腰的湄公河中的神祕女子。
（翻拍自《Kenzo》，by I. Katerinov, C. Maiocchi M. Carozzi, Rizzoli.）

令人眼花繚亂的時尚感與民俗感結合的藝術形式，讓我突然聯想起時尚品牌KENZO某季的形象主題（Campaign）：在熱帶叢林裡戴著斗笠、於水深及腰的湄公河中緩慢移動的神祕女子。這一系列的馬賽克鑲嵌，其實是在一九六〇年代左右整修時才加上的。如同延遲的野火，展開的圖像呈現出民族意識在視覺上永恆凝固的水晶一般的存在。我站在整修中的牆壁前，幾乎就要像個著迷的考古學家，忍不住伸出我的手想去觸摸那生命之樹。由傳說源頭的生命之樹，鑲嵌固定了一系列的寮人日常生活，一直到整個世界觀的成形。

當你決定要離開，所有事情會自己動起來

連續兩天在夜市遇到同一個遊客，並且明顯彼此留意，最後，我們於同間旅館落腳。

「我不能回西藏。」索南說，而原來他注意我的契機，是因為他以為我也是藏人。索南是從二〇一二年三月藏僧自焚事件期間中出走的藏人，應上師要他離開的指示而出行。雖然他並未捲入此事件，然而直至現今，他已經在寮國和其他東南亞國家待了三個月，等待出逃的朋友平安會合。

「這件事不是已經過了很久了嗎？」我問他。

「藏僧自焚事件其實一直持續發生，只是資訊都被封鎖，外面的人不會知道。藏人

這樣做，並不是為了官方所謂的『製造動亂，甚至爭取獨立』。漢人在西藏所做的事情，長遠來看，會摧毀我們的文化。」我留意到他用了His Holiness，國外報紙中會使用的，對達賴喇嘛的尊稱。

我們中英夾雜地聊了一會，不久，另一個波蘭人也加入，沒想到，話題馬上便深入到轉世祖古制度優劣、中共扶持班禪喇嘛、格魯派和寧瑪派在歐洲發展的看法，以及西藏佛教徒是否完全允許吃肉、喝酒、娶妻這類相關問題。這下我只能站在一旁聽他們討論，完全插不上話，只能聆聽。

對像索南這樣見過世面的佛教徒來說，會避免僅以「好」或「不好」的定義，來判斷轉世祖古制度。不管有無轉世或者認證，只要德性高深或修法程度達到認可標準，都是值得尊敬的。索南認為，且不論教團內部的利益關係，對沒有直接關係的一般佛教徒而言，誰來指定「真正的」班禪，並不是最核心的問題。若中共指定的班禪，能夠有智慧去理解藏人的需求，獲得班禪在陞座（意義類似於「就職」）之時所獲得的認可，並做出對西藏人民有貢獻的決定，那麼或許我們可以說，中共的扶持正是上天的安排，因為錯誤程序而選出的接班人，也成為了「命中注定的正選」。

當時的我，還不甚瞭解西藏佛教徒，對比於他們所談論的高深議題，我卻提出了一個很蠢的問題。

「身為西藏佛教徒的你，會喝酒、抽菸、娶老婆？」

「我以前在德國有個女朋友，」索南回答，「當她出去上班時，我會待在家裡，或是到附近走走，那就是我的生活。德國人很愛工作，他們沒辦法像我這樣，走動、吃東西、看看樹上……就過一天。是的，我在那兒喝很多酒，但那時我已經察覺到了，喝酒或抽菸，不像是我應該做的事情。不是說我不抽菸和酒，而是當我這麼做的同時，我覺得那不是我自己的決定。我發現我不需要那些東西，後來我就離開了。」

「為何不需要，是因為離開那個環境嗎？那種高壓的生活方式？」我問。

「也不是有什麼特別原因。我只是看到了，然後就離開了。那些有理由的人都在工作，而且一個理由接著另一個理由。在我看來，這太複雜了。那些理由，就好像大家都知道問題，可是假裝不知道問題。但是我看到了，所以離開，然後，那些理由跟問題就會自己離開，自然而然。」

「沒錯。當你改變源頭，後面所有事物都會自己改變，毫不費力。」波蘭人說。

「哇！太抽象了，怎麼可能什麼都不做？」我問。

「每個人都知道，」索南說。「只是假裝不知道，因為承認自己知道，就不得不離開，像我。」

像他一樣，不知道是指離開德國，還是離開西藏？

「要離開看起來好像很難，可是當你面對原因，其他的事情就都是小事，其實沒有那麼複雜。」波蘭人說。

「我還是覺得很模糊。」我說。

「別擔心，你已經在『離開』了。不然我們今天也不會遇見。」波蘭人悠然自得地抽了一口我在茵萊湖買的雪茄，笑著回答。

索南也笑了。這個看來留著一頭中長卷髮、看來像搖滾歌手的壯碩藏人，就像我們對藏人的想像，豪邁中帶著憂鬱。看來，無論我對於上路這件事有多少疑惑，至少我的方向還算是正確的。

「我該怎麼辦」，午睡的哲學家

我承認，比起美景得天獨厚、位於山丘與兩河間交會處，完全無愧於「世界遺產」稱號的皇家之城琅勃拉邦，這座曾擁有萬頭大象的強大王國首都「永珍」（亦名萬象），與我原先的幻想似乎差之甚遠。

沿著總統府前的大道，穿過法國人造的凱旋門，一直走到越南大使館，花了四十五美元辦了三天後取的越南簽證。在這個熱天午後，我已結束應辦之事，逛完永珍本已不多的景點之後，我便躺在塔鑾寺（Pha That Luang）外，幾條大道交錯旁的涼亭下，睡起了午覺。

寮國似乎總是在午後令我欲振乏力、昏昏欲睡。並非旅遊熱點，也不夠偏僻、封閉，讓外人因不得其門而入而產生好奇。寮國在地理和文化上接近泰國，但相較起來，旅遊業的發展則難望項背。在法國殖民後緊接被共黨統治、缺乏視覺可見之認同核心的這個國家，在感到無聊而無意識地躺倒在石椅上的一瞬間，我內心掠過一絲微弱的想法：正是像寮國這樣，對一般尋求刺激的觀光客來說稍嫌平淡的地區，才給了我喘息的空間。在泰國時開始有意識地放慢旅行心境，卻未曾真正達到的我，卻在此真正進入了無為的旅行狀態。我開始不因「無事可做」而感覺不自在，在此地也終於第一次像個當地人，躺下來，看著自進入泰北一直到琅勃拉邦為止，因霾害而無緣得見的藍天。

一個人旅行有許多名稱：浪跡天涯、自我放逐、史詩之旅、靈性的探索、歸鄉之路、漫遊與浪蕩，不管這些名詞聽起來有多浪漫、多吸引人，但事物的本質是一致的：逃避。逃避家庭、工作、日復一日單調重複的生活，逃避某個人或者逃避想念某個人，逃避責任、任何不想面對的事或至少延遲面對的事情……旅行是逃避的總和。但是，旅人──我是說，做為犧牲工作或某種程度的資歷累積等事物，進行數月以上長途旅行的人們──一個可被容許逃避人和事物的個人，唯一無法逃避的問題就是「我該怎麼辦」，小至「我要殺到多少錢才買」，一直到「我該不該皈依上師追求性靈極致」這類的問題，也就是從生存到生命的核心問題。

許多的旅人告訴我：「我什麼也不想。享受它。隨遇而安。」這樣本應做為旅行最高境界的回答，反而令我迷惑。這種說法比起現況的描述，更像只是背包客所應抱持的一種信仰，跟「做自己」這類隨處可見、但已被濫用到失去原意的辭彙一樣虛無。即使是像傑克．凱魯亞克筆下「垮掉的一代」（Beat Generations）那樣放蕩的旅行者，也終歸在《路途上》（*On the Road*）書裡觸及生而為人的核心議題。旅行就是放棄一切，尋找「我這麼做是為了什麼」的核心意義。交織的軌道和路徑告訴我們，每個人就是一座行星，同時是某些人的恆星或衛星。所有的星體都有不同的軌道，找出自己的那條軌道，就是「我該怎麼辦」這個大哉問。

令人羨慕的背包客啊。唯一因「逃避」而受到獎賞的這些人們，卻肯浪費大把時間在異地無所事事。出現在亞歷山大腳下午睡的哲學家，你以為他會想和亞歷山大交換生活嗎？過著統領天下的日子，卻連在樹下午睡的自由都沒有？雖然我逃避了馬上面對在經濟困頓，情勢曖昧不明的台灣找工作的窘境，選擇在樹下午睡，並面對「我該怎麼辦」這麻煩精，但與在台灣中小企業辦公桌前艱苦奮戰、「穿著全副羅馬戰袍列隊的亞歷山大帝們」比較起來，背著包包、穿著一條破褲子在樹下微笑著午睡的我，現在可要比他們瀟灑許多。

你以為，我會想和亞歷山大帝交換生活嗎？

在寮國首都永珍邊境，緊鄰湄公河的熱帶村落之間，一個叫做「佛教公園」（Buddha Park）的地方，令我精神恍惚的同時卻為之一振。被蔥鬱林木所包圍的這座公園，同時融合了佛教與印度教的形象，卻是以一種伊藤潤二的風格呈現。明明佛陀充滿微笑，卻令人莫名地感到不安，而信眾們的木然表情，也恰似被洗腦的奧姆真理教門徒……

雖然初夏的烈日照得我昏昏欲睡，但此種B級景點卻帶給我另一種愉悅與振奮。

這家路邊的小攤子是我在總統府前往凱旋門的那條大道上找到的。一條法國麵包加蛋（5000kip，約20台幣）和濃得化不開的冰咖啡（5000kip），是我在寮國吃過最划算的早餐。對比起觀光區動輒15000kip的法國麵包，我還是喜歡找那種路邊當地人多的小攤子。而且婆婆靦腆的笑容，又替味道加了分。

旅途中的豔遇？

離開永珍前的最後一個黃昏，我站在這廣闊連綿的河堤旁。先前在泰國邊界清盛，想起望著寮國時對於邊界彼岸的未知，此刻站在這裡，我已經知道了寮人的日常生活並非那般荒蕪死寂。孩童與青少年在乾季的河床上踢足球、情侶們交換彼此的信物和誓言、寮國版的「若迪老師」帶領著一票婦人一起跳健身操……我在河堤上，在後方想必是某位寮國民族英雄雕像的注視下，喝著寮國啤酒 Beer Lao，看著夕陽西下。

啤酒喝完正想離開時，突然一位亞洲臉孔的陌生人叫住我，問我從哪裡來。「來自美國，正要回鄉。」我說。他說他也從美國回來，在美國是做餐館的，工作枯燥無味但薪水豐厚，使他可以每年回鄉。此時我察覺接下來的對話有些異於平常，但在話題轉到他為了「生理需求」而回來時，我就確定他的來意了。為了不讓人家白費力氣，我單刀直入地說：「You're Gay。」不是問句，是肯定。「我不是 Gay，我是……雙性戀。」「但你喜歡同性多一點。」我直率地說。然後他笑了，我也笑了，他「尋找對象」的雷達不得不關起來。

「所以你不能在美國解決生理需求嗎？」我問。雖然我也可以想像一個亞裔男性在美國原本就吃虧，更別說他身為同志，還在保守的美國鄉下小鎮的亞洲餐館中打工，也許再不情願也得回來這個他亟欲擺脫的故鄉。

「可以，但是這裡……不用花錢，你知道的……」

「我不知道。」我說。「這裡同志不多。我的意思是，承認的不多。」寮國對同志沒有泰國寬容（還有哪個國家能比泰國寬容？），但也沒有周邊的其他國家保守。不過，沒人注意並不代表沒有。

最後，他說他該走了，我揮手道別。

中土世界般的地下水道，崆瀧洞

若說崆瀧洞（Kong Lo Caves）是寮國的知名景點，不如說是因《寂寞星球》介紹，才在背包客中流行起來的新興熱點。每天一班從永珍直達Ban Kong Lo的巴士，全載著興高采烈的歐美背包客，然後於明顯是這兩個月才蓋好的新式木屋前下車。對比其他人那種積極挑選今晚下榻處的結盟行動，形單影隻的亞洲人——我，並沒有任何行動。一直等到所有人都安置好以後，我才不疾不徐地問：「有地方給我睡嗎？」

當地的經營者好像最近才開始執業的樣子，也不知道怎麼辦，有點不好意思地指著對面那棟興建到一半的木屋：「只有這裡了。」但那架高的木屋根本沒有牆壁，而且堆滿了施工器具。

崆瀧洞內部。

「那你們睡哪裡?」我問。他指著餐廳旁的地面，示意就是這裡了。「多少?」他們靦腆地猶豫了一下，像是找不出更好的辦法似的，比了一個「一」。「一萬基普?」(約三十九台幣)我問。他們點點頭。正合我意!

民宿主人一家人就睡在餐廳後方廚房旁的小房間，而其他人睡在新蓋好的小屋中。說實在，那小屋嶄新得令我有點不舒服，所以我很高興可以跟他們睡在同一片地板上。餐廳外，就是小小的鄉道，連綿一大片的稻田和高聳的石灰岩山。有了這廣闊的夜景，我更慶幸在這裡露天而眠，就算半夜蟑螂爬上我睡袋也一樣!更何況睡室內要六萬基普(約合二四〇至二七〇台幣)，睡露天餐廳只要一萬基普——洗澡?免。洗手?用「乾洗手」吧。廁所?天地之間不是沒有任何阻擋我如廁的東西嗎?

當晚我很高興地用省下來的錢買了兩瓶寮國啤酒，與一對加拿大夫妻把酒言歡直至深夜，然後忍耐到大家都上床時，才大肆灌溉我眼前的稻田。

在旅行時搞自閉的缺點，是當需要人共乘時，沒人肯主動跟你。還好遇到昨天聊天的加拿大夫婦，加入他們今早共乘一條船的「團隊」——只要沒有非拒絕不可的理由，背包客都很少拒絕共乘的邀約。路上，望眼所及之處都在施工，管制車輛的閘門、售票處、廁所、觀光大門，好像是政府昨天才知道很多人等著排隊入場，於是今天急著蓋售票處、收錢(當然，寮國人的「急」，在我們看來也是悠閒的)。各處都是嶄新的，卻感覺格格不入。

進入崆瀧洞，從閃耀著綠寶石光芒的岩洞湖泊旁經過，戴上租來的頭燈，我坐上獨木舟，進入由石灰岩構成曲折蜿蜒的地下水路。

想像自己正身在奇幻文學經典《魔戒》裡的中土世界（Middle Land），在高度超過六十公尺、有如大教堂內部（據《寂寞星球》的描述，最高達百公尺）的石灰岩洞中乘船行進。坐上船以後，才發現水面幾乎與船緣等高，所以船身若有超過三度的傾斜，水立刻漫過船緣倒灌進來，更別說這種吃水不深的平底船有多容易翻船了。我牢牢地守護著相機，萬一真的翻船，我必須馬上雙手高舉過頭避免相機泡水——好險並沒有發生這種慘況。只有空曠的岩洞室內幾隻蝙蝠偶爾的干擾，以及經過佈滿小圓石的岩洞淺灘時，需要下船以降低吃水，有時甚至得使力推船。

除了在石灰岩最密集的地方設置了燈光，其他地方皆保留其原始樣貌。七公里的地下水道，僅有水與空氣交織的回聲，我所想到的是：「乾淨」。尚未被大批觀光客湧入的桃花源，即使被迫稍稍塗脂抹粉見客的這條地下水道，目前無疑仍很接近「乃不知有漢，無論魏晉」的狀態。穿過洞穴後一片天光，我們上了岸，來到林子裡的小村。可惜啊，還是有個賣可口可樂和各式零食的雜貨店，入侵了這片桃花源。我和加拿大先生各點了一瓶，一邊喝著一邊聊天，享受（假裝）冒險後的無所事事（就是打敗洞穴內的惡龍、拯救村民那類的想像啊）。

越南，太陽之南，國境之東

在寮國中部的沙灣納吉（Savannakhet）百無聊賴地待了三天，然後搭近十二小時的巴士穿越國境，到達越南中部的順化。搭巴士穿越國境時，總是會想「這樣，真的可以嗎？」

在越過國境那一刻，像是奔過終點線的馬拉松跑者，在心中播放歡呼喝采的人群和彩帶畫面，覺得自己完成了一項壯舉，在那些其餘目無表情從事著每日營生的當地人，與興高采烈的歐美背包客之間，一邊暗暗竊喜自己又完成了一項目標的同時，一面又羞赧於自己不像其他觀光客般，因習慣於穿越國境而理所當然的氣定神閒。

陸路穿越國境，對於只要出國一定得坐飛機的我們，總是有種奇妙的魅力。這也許就是身為海島之民對於「國境」二字擁有的特殊意識吧，而我珍惜這種意識。

心中一直響起一個聲音：「習慣在泰、寮的舒緩之後，是否又得重新進入在印度的心理狀態了？」想及這一點，心情就好不起來。早有耳聞越南人一些風評與當地治安的混亂，但在下榻旅館與接待的女孩聊天之時，女孩臉上一直有著甜甜的微笑，彷彿我仍身在泰國，原來越南的美好遠大於我認知的危險，這使得我心情頓時開朗不少，立刻對

沙灣納吉的河岸。
說是寮國第二大城，但小鎮人口稀少，仍一派悠閒。

接下來在越南的旅程充滿期待。旅人其實很容易因為一些微小的事物而改變心情，或因第一印象而喜歡或討厭這個國家。更何況，被越南姑娘甜美的微笑電暈，這肯定令心情大好吧？

因為這件小事，我竟不自覺地開始注意越南可愛的部分。由於安全與預算上的顧慮，本來想捨棄越南之行，花費一番力氣說服自己來到這個國度，才發現這裡什麼東西都是寮國的半價！心中得意地慶幸「還好有來，這才是東南亞應該有的價格嘛！」越南的啤酒甚至還比寮國的水便宜呢，我開始懊惱自己當初怎麼沒想早點進入越南。

但跟印度類似，無論如何，還是得跟嘟嘟車司機、小販、騙子、掮客以及傳說中惡名昭彰的摩托車搶匪再次周旋了，安全還是必須留意。我的錢雖然很少，還是希望給老實的越南人賺。

比起上座部佛教圈內緬甸人、泰國人和寮國人的和顏悅色，與中國同處於漢傳佛教文化圈的越南人，態度上顯得較為急躁而粗魯。這類對於越南人的刻板印象，不知怎地跟我們對於大陸人的刻板印象一致。也許是千百年來處於沿海地帶的稠密人口，讓這裡的人們產生了競爭的壓力，導致人們將生活重心由「維持生計」，改為「與他人競爭並勝過他人」吧。順化時看到的金色小龍雕塑，或者河內的古名「昇龍」，更讓我確認越南與中國之相像，彷彿越南與中國共享著一個符號，只是後者的龍比前者小隻。這頭小龍的目光緊緊地凝視著中國，或者學習摹仿，或者謹慎提防。

和寮國相同，越南亦是由共產黨統治的國家，但是越共擁有對美國的勝利。這勝利是由血與淚，以及無數死傷交織的一頁歷史。

巨大的小個子，胡志明爺爺

在面對美國如此強大的對手，還能如此頑強不屈地抵抗並獲得勝利的越南，將這個分裂國家復歸統一的決心，表現在其民族偉人的造神運動上。像是胡志明，圍繞著這位民族偉人及相關受造物上，其被崇拜的核心正是「陵寢」——以「共產主義美學」的指導原則，有著巨大的廣場和方正的量體。正對廣場前，一直延伸到馬路，那看似容易親近的大片草地，其實令人絕望地禁止進入。騎著腳踏車繞道，穿過側邊入口後進入仿中式水泥涼亭所構成的長廊，聽著長廊所架設電視機裡傳出的越南愛國歌曲，一邊想著：這不是中國式的「管制」嗎？

寄放了相機（陵寢內禁止拍照），隨著長隊魚貫進入量體內部，我一路踩踏濕滑的紅色塑膠地毯，走入了陰暗的內室，國家主席「胡爺爺」就仰躺在內室中央的玻璃櫃裡。在我這外國人看起來，這位留著道士般鬍鬚的「民族英雄」，似乎無論是生前或死後，仍舊鞠躬盡瘁地供國家「使用」。在周圍背景的紅光映照之上、刻意營造出劇場般高聳的屋頂之下，一片薄薄人皮包覆著枯瘦骨架，對比出龐然大物被封印般後不相稱地小。連撐起這方密室都有困難的瘦小身軀，得無所不在地負擔整個越南的民族形象——在鈔票上、海報中無所不在，不禁令人想問：「難道越南是沒有別人了嗎？」

啊，但是，我們也一樣啊。

曾出現在新台幣千元鈔票上那位沒有頭髮的微笑長者，說不定也曾讓外國觀光客懷疑過「難道台灣是沒別人了嗎？」。但在這裡，盯著那張好似尋常農人一般的面容，解決了我一直以來的疑問——為什麼他們要大費周章、大張旗鼓地造這麼一個嚴肅、厚重、冷酷，與其本人看來不甚相稱的巨大方盒子？為什麼不讓他安息？——原來，他的任務還沒結束。

人們總是在尋找對象，不管是崇拜或者攻擊。也許我們過去的「中正紀念堂」、今日的「自由廣場」，也是這麼一個將民族認同具象化的地方；而在人民有足夠智識決定自身民族命運，不再依靠「偉人」指引之時，也成為可具體消除、打倒的目標。

我失落地看著那猶如在劇場紅光下的蠟白面容，好似輕輕對我微笑，不是鬼片中的那種陰森表情，而是「等你長大你就懂了」那般的微笑。

我真的準備好了嗎，面對我自身的命運？回台灣，重新開始一切？即使只要面對我個人、而非整個民族的歷史，我仍會害怕，所有的事情都比我想像中要重上好幾倍。此時此刻，看到逝世四十年還得繼續「工作」的主席先生，都令我難以呼吸。說不定正因如此，所以我現在必須在此處，必須繼續旅行，必須專注、「有自覺的」逃避，我才能夠有足夠的勇氣和堅毅，忍受那每一個人都能夠而我無法忍受的，日復一日的重擔。

胡爺爺啊，真的等我長大就懂了嗎？

雨中的下龍灣

下龍灣無疑是越南最有名的景點，在晨霧中美麗且壯闊，陽光時而冒出時而被雲霧遮蔽，不同於之前在風景明信片看過數十次的景象，但在忽隱忽現的光線之下，下龍灣的一天，是彷彿將穿行於水中的巨龍固定下來的永恆。

突然想起希臘導演安哲羅普洛斯的電影《永恆與一天》（*Eternity and A Day*）中的場景：那位懷念過世妻子而在希臘海岸邊踽踽獨行的老人，回憶起自己與愛妻在生命中的一天裡所經歷的畫面，而在現實中，男主角不時在雨中與穿著黃色雨衣在灰色的街頭騎著腳踏車排成一列的三個路人擦肩而過。我在心中默默播放伊蓮妮．庫蘭卓（Eleni Karaindrou）為這部電影所做的配樂。

一輛摩托車在胡志明陵寢前疾駛而過。

比起風景明信片中晴朗而明亮的天氣，不時處於陰雨，與偶爾閃現的陽光交錯氣候下的下龍灣，為絕美山水的樣板背景之下，增添了一絲沉鬱與晦澀的氣氛，遊船上的白人觀光客，在任何看得到海的地方都不吝露出他們白皙且襯出淡粉紅色的肌膚，在陰鬱的天色中，更顯得如同前述電影裡的腳踏車騎士所穿著的黃色雨衣一般突兀。深色皮膚的人在這裡具有優勢，多麼難得。

遊船固定會在幾個石灰岩洞停泊，岩洞中各種顏色的燈光如同酒店般俗麗，但對比外頭陰鬱的天色，這俗麗竟意外地提供了難得的補償，我不知道怎麼從這件小事得出「有得必有失」的一套人生大道理來，雨中的下龍灣，原先令人感到憂鬱、不滿，到最後卻反而讓我對偶爾穿過雲層的陽光，抱著「真應該好好珍惜」的心態。是啊，如此容易滿足、具有阿Q精神，能夠用想像和轉換思考來平衡自己的心態，想必是在旅行的路上，被許多隨遇而安的旅者所影響的吧。雨中的下龍灣，無意間給了我一趟霧中風景，一段思索之旅。

下龍灣的一葉扁舟。

被騙的風險與麻煩，就是便宜的代價

來到越南之前，我幾乎不採取跟團或旅行社代購票的方式，倒不是因為那種莫名的正統背包客「什麼都應該要自己安排」的自尊心，而是為了省錢。另外，也可以順便增進對這個國家真實流通價格行情的瞭解。

但一直到離開越南之前，我才徹底認知到，外國人在越南所能訂到的這些當地團，其實如此「物美價廉」。河內兩天一夜往返下龍灣的報價是四十五美金（約一三五〇台幣），而我選擇自己乘車到下龍灣，加上旅館、僅第二天上午的觀光票，已近六十美金（約一千八百台幣），省下來的十五美金足夠我在越南住三晚了。在會安時也一樣，美山聖地團來回車錢、導遊費加門票，更是只要五美金（就算回程從巴士改為坐船，也只加二美金）的超低價。

不過，許多觀光客甚至是見多識廣的背包客，對於越南人在某方面的不誠實亦頗有微詞。即使事先已講好價格，有些當地人事後也會找理由獅子大開口。在河內時，有一次我找三十六行街上的補鞋匠修補涼鞋，經過一番討價還價後，我們在紙上寫下商議好的三萬五千盾（約四十五台幣），補好之後他卻用計算機按下七十三萬五千盾（約一〇八〇台幣）的天價。

「多出來的七十萬盾是哪裡來的？」我問。

「三萬五千是工錢，其他是膠水錢、線錢還有橡膠的錢。這些材料非常棒！」他說。

非常棒個屁，我心想。「但我們剛剛議定三萬五千盾，你說對吧？」

「那是工錢。」他堅持。

「好吧，」我微笑。「那這鞋我不要了。你可以賣別人七十三萬五千盾，我不會在意的。」說完掉頭就走。

他馬上把我追回來，表示什麼條件都好談——若不這樣，他連「工錢」都賺不到。

我瞭解這是為了討生活的不得已，無需義憤填膺地去指責越南人不老實。是啊，被騙的風險與麻煩，就是便宜的代價——都已經這麼便宜了，要不然還想要怎樣？

輯 參

瑞 水 之 濱

想 像 海 洋 那 頭

WATER OF FORTUNE: IMAGING OVER THE SEA

海洋的那頭會有什麼？
船隻、島嶼、因日曬而呈現深棕色皮膚的人們。
航向唯一的南半球，回望孕育我的島嶼——
厭倦再當個旅行者，
可否只是一名單獨行動的觀光客？
該折返了。

沙比 (Sapi) 島．東姑阿都拉曼國家公園．馬來西亞。

I

越南，
颱風眼內，
旅行中線

會安（Hoi An）的巷弄內。

「Can not stop, and don't want to, either.」（不能停，也不想停）某部電影裡的這句台詞，恰好是我動身的注腳。雖然大部分人的生命不會是海明威筆下「流動的饗宴」，但也不應該只是供需市場上「流動的人力資本」。所以我很高興能夠藉由無所事事的移動，套句從某位背包客那聽來的，「對『系統』比中指」。這中指若比得不夠長，「構成人類生存系統」的邪惡魔王肯定不會看到的嘛。所以，至少要由越南河內到胡志明市這麼長的距離（對我來說簡直是求之不得的足夠），好像一定要如此漫長而枯燥的搭乘時間，才能告訴自己：「你現在正在旅行——對系統比中指——中。」做為唯一的證明，車票這東西，就成了不甚重要卻令人上癮的必要物件，鋪上了心靈的 LSD 粉末，在旅人的眼中，如同附著反射七色幻彩的鑽石塵。

移動，令人著迷

從一地移動到另一地的方式，可走路、開車、搭乘各式運輸工具。尤其是選擇最後一項的你，被目的地預先設定了行動方向，且限定在一個空間內不能做某事。但也因如此，所以只要放任頭腦馳騁天外，什麼都不用做，生命就會自己前進，這實在太令人著迷。有時候，我希望移動中的交通工具就這麼停在時空的夾縫中，永遠不要抵達目的地；但有時卻希望這該死的車輛，不要讓我多待哪怕僅僅一秒。

在由河內出發到峴港的夜車上，於靠窗的座位半夢半醒。窗外的霧氣，被微明的天光凝聚成晨間的細雨，化為車窗上一條條透明的拜占庭式水道，在雨滴洗落灰塵後消失重又交錯出現的車窗邊，我看見了窗外如同被物理學給合理化解釋，交隔時空之不可能的平行世界。光線的粒子在慢動作播放下清晰可見，就算維梅爾〈倒水的少女〉出現在今晨的越南鄉間，也無法讓我更驚訝了。當山間霧氣逐漸散去，由山道上居高臨下望見的不知名湖泊，如同數以億計的光粒子交錯碰撞之下，每一瞬間，都像是按下播放鍵的太古之再現。窗外的景物，與車內播放的韓國團體少女時代（Girls' Generation）影音共同存在，於是，我安心地再次進入夢鄉，接受時光的悖論在有線電視頻道的世界共存，在一億四千萬年前的白堊紀（Gretaceous Period BC140,000,000-65,000,000）與現今浮現於夢境之上的少女世紀（Girl Period AD2010-）並存而毫無違和之感。

會安，旅行的中線

我在峴港只停留一夜便離去，來到車程兩小時即可抵達的古鎮，會安（Hoi An）。

會安是我在越南看到漢字最密集之處，漢文化的影響力實在無遠弗屆。過去被稱為「明鄉」的會安，今日用步行就可以走遍。漫步在保存古貌的老街之中，好似幼時所見過的浮光掠影，又再一次在我面前原封不動地呈現：二百年來依舊在此居住的中藥商家族、或坐或醒的悠閒寺廟管理人、日本橋邊提著扁擔的老婆婆，以及坐在古屋內一邊談天一邊向祖宗牌位上香的長者……歷歷在目，我們似乎都忘了那個曾以時光營造緩慢之美的漢文化，只記得要大、要快、要好、要便宜、要成功的現代華人精神——感謝天，不是所有人都那麼勤勞，我才能在越南看見古老中國的緩慢細緻之美。

（上圖）會安古宅內生活的婦人。
（下左）售票處的指引。
（下右）會安古鎮內。

回想這三個月，自己已抵達了這趟旅行的中線。原先只是單純想在回國前，走走看看這世界的我，意識到自己一直擁有那啟程時所未覺的探索之心。與其等到退休才完成孩提時的夢想，不如重新歸零，現在就去探索那本漫畫書名所給予我「深邃美麗的亞細亞」的聯想。

原先想貪婪看遍一切美好事物的浮浪之心，至此，在異國的會安，被與自身文化息息相關的單純事物，以浪漫而遙遠的「追憶似水年華」式的方式撫慰了。是因為自己的文化在異國被如此珍視而感動？或是因為這些事物在異國重現所產生的驚喜？或者，只是單純因為這些令我想起小時候？在日本橋上，我混入一團香港遊客，聽導遊講解當年來此的明朝將軍們，是如何為名將袁崇煥悽慘的下場悲憤不已，並且在此處重現故鄉的生活方式、明朝遺臣的品味，表達對故土的思念。

這裡也不僅僅只有「中國」而已，畢竟會安是個靠海的城市，而 Cua Dai Beach 就是此處最著名的沙灘。雖然越南佔據如此之長的海岸線，然而有知名度的海濱觀光勝地卻如此之少。大部分的外國觀光客都不是為了海灘而來到越南的，仔細想想，還真令人驚訝。

想前往海灘，你會騎著腳踏車穿梭在越南一片又一片的綠色稻田中，間或停下在路邊吃碗「高樓麵」，然後在吹著海風的公路上騎行一陣後，最後在白色沙灘前的一堆「龜殼」小筏前的亭子下小憩，喝著奮力踩動踏板過後、購得的一罐可樂之甜美。然後隔日乘著園區入口的接駁小車，進入「美山聖地」（My Son），在占族遺跡前，與一大群法國遊客一起聽導遊講解，說著這灰泥是如何完全地被接在一起……雖然在四月的南國太陽下，像隻快被烤乾的壁虎般躲在廢墟的陰影喘著氣，根本無法在意導遊說了什麼，你還是會因為會安所給予的各種豐盛，以及僅僅五元美金的半日團而感激不已。在東南亞，沒有比越南在任何事物價格上更慈悲的國家了。與此相較之下，對於少數態度不佳或想敲竹槓的越南人，都失去了生氣的理由。

越南是我們的一面鏡子

在抵達越南前，對其所懷抱的一些刻板印象，包括了出產越南新娘、廉價勞工、男人遊手好閒不務正業、不老實、態度不好、治安差、缺乏公德心……等，但不知是否因為已去過印度的關係，來到越南後，我發現就算這些事物都真實存在，但對於一個毫不起眼的、獨自旅行的亞裔男性，這樣的危險其實小到令人容易忽略。

不只如此，我還為可愛的越南暗暗叫屈——怎麼不說越南的物價是東南亞最便宜的？青年旅館代訂巴士票跟去車站買幾乎相同，一日團極為物美價廉……還有提供比前面這些都更重要的——越南，是我們的一面鏡子，不管是對我們或對中國都是。

會安古鎮的經驗令我肯定了，這樣的地方對我們，與對其他外國人相較之下，有著

Hoi An
15,043 km
9881 km

不同的價值。這裡，對一個華人背包客來說，雖是語言不通的異國，但在建築美學與文化淵源上，卻又如此相近。我完全看得懂牌樓上的文字，並理解這文言文的意涵——恐怕還多過住在此地的越南人。但這些，對大部分的外國觀光客（可能也包含越南人）而言，是無法辨識的，可能僅是增添異國風情的調味料。而我，從那相近卻為他者的另一端，從這裡豐富的漢文化遺留之中，讀出我們自身那美好的曾經。

順化皇城內的那座金色小龍，正追隨著打造中國這頭巨龍的「國家政策、績效、五年或十年計劃」等各式零組件，構成了東南亞經濟加速飛昇的火箭。如同其首都古名「昇龍」般，在升空之際，這古老而美好的遺留，將同時做為失去燃料的推進器，成為太空垃圾、脫落於軌道之外。我們對於中國文化自以為理所當然地瞭解，因此看待這文化蘊含的角度，從小女子的肚兜變成了老太婆的裹腳布。深入其中的我們不會理解，為什麼我們家裡那罵街的潑婦，在別人眼裡，卻成了風姿綽約的少婦。

除非我們夠接近、又夠遙遠——接近得足以瞭解其細微，遙遠得足以省略其缺點並關注其整體。

而在追求進步中，我們那遺失的事物，恐怕在這裡也即將失去。亞細亞看似細微、脆弱，並不是因為像昔日的非洲，民族意識被殖民、摧毀，恰好

相反，是民族正在擴張。擴張這自我認同的合理性，在於汲汲營營地追求進步與發展。放眼亞洲，除了經濟停滯十五年之久的台灣，幾乎所有國家都在發展，而這發展的獨裁所展現的排他性，比當年日本軍國主義的「大東亞共榮圈」還要共榮，還要團結一致。

反過來說，一個經濟停滯、無能無力的政府，也不全然只帶來壞事——年輕的我們，更不容易被進步的概念所收買。畢竟，我們從未直接跟所謂的「進步」打過交道，自然也不知道官商勾結多易令人上癮無法自拔。我們是被空有經濟成長概念卻毫無成長實質所燃燒的香灰，空無一物的神壇上，香火被堅持繼續點燃，進步、成長之神卻仍舊缺席。於是，我們沒有任何財富可以繼承、沒有經濟成長的大浪潮可供依隨，不像遇見的越南人，絕望而忙碌地緊緊攀附住「未來一定會更好」的繩索，而是胸無大志，僅僅想要把握心中每個被汙名化之「小確幸」的，企業家貶低、政府忽略、家人不理解、老闆搖頭的一個世代。但，沒有比這更美好的事了，我想。

（由右至左）

順化皇城內的金色小龍。

啟成殿內，啟定皇陵，順化。

啟定皇陵內的皇帝塑像，順化。

明命皇陵前，被鎖住的生鏽大門，順化。

Cua Dai Beach，會安。

芽莊，流水帳與詩篇

即使《寂寞星球》也無法告訴你芽莊（Nha Trang）的公車路線。我在離海灘幾十公尺開外，一間寫著大量俄文的旅館住了下來。等級相當於我在峴港時住的那種介於商務客和觀光客的房間，但價格砍了一半以上。

四月的芽莊想必是淡季吧。火熱的驕陽與平靜的沙灘上，只有我和遠方的觀音像默然對望。走了五、六公里，從市區的海灘到婆那加塔，一邊走一邊想著，芽莊，這帶有古老殖民氣息東方風情的名字，沒有戴斗笠長衫的姑娘，只有這大太陽，且無處可小歇。

走路真是一本流水帳啊……城市間的搭車移動不那麼適合成為流水帳，因為那路線長而穩定地足以使你太過專心，或者太過分心。一離開城市，往市郊走去，這流水帳便在景點的移動中緩緩地載浮載沉，路上景物不斷流轉，但那緩慢足以使我從思緒分心且加以留意。我走著，由市中心的海灘出發，依序經過了半地中海配色的海景旅館、殖民式建築的政府辦公廳、商店、文具店、圓環旁的市場頂棚、共產主義風格「奮起吧同志」雕像、胡志明海報、鐵皮雜貨鋪、機車行、小個體戶鐵工廠、工業區廠房大門，以及位於二座相臨長橋間的岩石小島，其上竟還有廟宇及雜貨店，漲潮時步行小徑是否會被淹沒呢？還有操作著像放大的椰殼那樣造型的小船，漁人在二座橋之間、河口與海口之間穿梭著。

我注意著所有來往的巴士，比對哪些號碼是我在市區曾見過的，看著他們所做那些瑣碎的營生之事。雖然處境艱難，但我是個討厭無聊的人，不得不在這樣的流水帳中找美感，但往往一切結束後，關於景點的記憶，竟不如流水帳來得深刻。

留下時間和空間，換得旅行的體驗。錢能夠擺脫所有的流水帳，但允許這樣浪費精力的空白產生，卻將沒有意義的流水帳變成詩篇。僅僅走路，路上也無甚可觀的風景，無疑是純粹的浪費——但允許浪費，便是我更喜歡長時間旅行甚於短時間的原因。在後者中，「浪費」帶來的代價極大，像是明明身處天堂美景，卻因為被服務生搞壞心情，而得到一個「不完美」的記憶。但長時間的旅行容許浪費，而且必然浪費；有些地方會無聊，而且必然無聊——所以若不再期待完美，只期待「下一個會更好」，旅途上即永遠有翻盤的可能性。歷經了沉悶、無聊、損失之後，必有美好事物出現，只要時間一拉長，失望與滿足的比例便將趨於平衡，省卻不必要的期待，旅行的滋味就此展現。

大叻，瘋狂之屋

大叻（Da Lat），前法屬印度支那的避暑勝地、花園、越南末代皇室夏宮，是有著殖民式建築、高原湖泊的四季常春之地。

然而這些對我而言，都純屬次要。四月的雨雲正在集結，為即將發動總攻擊的雨季做最後儲備，而海拔一千五百公尺的城市，原本也不是什麼了不起的高度，我卻看到大片大片棉花糖大軍般的雲朵，就集結在屋頂上，恰好是「瑪利歐順著藤蔓爬到雲層進行祕密關卡」的高度了！也好，在我還沒看到其他更接近雲層的城市之前，「雲之城」就當做我給這座城市的小名吧。

而在這芬芳的花園城市、雲之城中，我赫然看見街角一座，與城市的美好舒緩全然不相類的怪獸，像是打了這座城市一個巴掌那樣地突兀。這是誰蓋的？我一面驚詫於誰能如此無視整體協調、搞破壞，卻又暗暗佩服，有誰能有這與和諧對立的勇氣，去做從未有人做過的事情？

鄭越娥（Dang Viet Nga），這座怪獸的建築師，顯然不明白為什麼有那麼多人，反對她在這裡建造她的童話屋，甚至還給她取了一個稱號：大叻瘋女人。

好吧，為了證明自己沒瘋，她必須繼續下去，持續與河內當局的無數書面往復，終於獲得官方許可。但負債三千萬越南盾，使她必須變通將其中十個主題房間改裝為旅館，開放遊客參觀，並收取門票籌措資金，吸引媒體採訪。於是他們終於知道了，她不但沒有瘋，還是莫斯科大學的建築與醫學博士，其父更是越南革命英雄。身為烈士之女，她並不尋求外在世界的認可，她有她內在的規律，即便對於所蓋的建築，她也不畫藍圖而以繪畫來表示。而她即將要進行的建築計劃，更被評為世界十件最奇異建築之一。

直至今日，這個計畫仍在進行中。也許未來「大叻瘋女人」的瘋狂建築，在這座名

（由右上順時針）
瘋狂之屋內部、鄭越娥所繪的建築表現圖、
主屋門楣前的太極圖案、瘋狂之屋一景。

聲未響但景物優美的高原城市完成，並聳立為其地標之時，所有人仍然會一如過往，為這座陰鬱卻真誠的瘋狂之屋是否值得存在而爭論不休吧。

旅行中的颱風眼

在一九九五年的日全蝕後，美奈（Mui Nê）便急速發展成一個濱海度假勝地。早期來訪的俄羅斯人，有許多人後來選擇定居在此，並開設餐館、旅館和各式商店。這小地方的俄文出現頻率是東南亞最高的，滿街的俄羅斯帥哥辣妹也使人迷惑，這地方到底對他們有什麼魔力呢？若說是曾為共產國家，使俄羅斯人在越南彷如回到家鄉，那麼也該是北越啊，畢竟那裡本就是越共的根據地。越南高官與俄羅斯人聚集的濱海度假勝地，聽來有如 007 系列電影設定的謎樣危險場景，但是，搜索相關資訊後，眾多說法所指美奈最大的危險只有一個：被掉落的椰子殼砸中。而這千真萬確。

看著遠方的漁村、由山丘延伸而下的白色沙漠，以及風平浪靜的大海，我感覺到自己在這兒無事可做。約略在同一時間，我察覺自己正身處於某種「長假」之中：本應對所有事物一視同仁的時間仍流動著，卻唯獨遺漏掉我這個人。我正處於時間的颱風眼中，所有曾發生在我身上的歷史，等同於無。而我正打算穿越颱風，去觀看及體驗我的習以為常如何被連根拔起。

在旅行的頭十五天，我可能會被所有令人不安、興奮或某種獵奇的事物所影響。但現在，我習慣了那些曾經新奇刺激的事物，並對其感到倦怠。旅行已不刺激，而只是另一種日常：當「看」變成了我的道德、我的義務、我的工作之時，感官的學習曲線也變得平緩。

我想回家了。

接著，在此生所見最為平靜無波的金色海浪閃耀之際，在騎著鐵馬逆著海風的奮力行進，在旅途的疲憊和久未歸家的期待之中……光是最微細的氣味，都會引起浪潮一般的前世體驗（Déjà vu）。原來，不是長時間的旅行使我變得鈍感，而是我對感官的要求提高了——這使我的感官忽略了那些原本光憑名字就能喚起激情的無數地名、紀念碑、河流、山脈、城鎮……等過於具體的意象，反倒對於抽象的氣味、光線、風透過各種事物呈現的狀態更為敏銳地感知，在當我不試著去抓住的每個瞬間。

於是我明白，對旅行感到無聊、困惑且厭倦，正是對旅行本身的禮讚。

美奈的落日。

有些人吃東西總是先吃自己喜歡的，而某些人則把喜歡吃的留到最後。心理學的相關調查認為，能夠延遲享樂多久，與可能獲致的成就成正比。雖然我過去屬於前述二種人的後者，但弔詭的是，這種告訴自己「應該延遲享樂以獲得高成就」的神話，讓我們就算在供水充足的酷熱炎夏，也只敢就著半開的水龍頭一滴滴地啜，然後看著那些在水池邊盡情嬉戲暢飲的孩子們身體不適，心中卻有一種病態的滿足感（不，我絕不是在講我們對於歐洲那些破產國家的看法）。

姑且不論這種喜好（或被迫？）延遲享樂的心理，但最終，我還是等到了越南最後一道主菜上桌：遠東的明珠、越南的玫瑰（不知怎麼的越南後面就忍不住要加「玫瑰」二字）、莒哈絲的越南情人（梁家輝扮演的電影版可刺激想像，但現實要殘酷得多）、沉靜的美國人、陳英雄的「三輪車夫」、冷戰時期美蘇的另一個大角力場——西貢（Saigon）。

意識形態的兩種展演，以及超越之後的……

參觀完統一宮（Reunification Palace）的我，在出口前的小房間內觀看介紹影片。很幸運地，有中文版本。

「我們思念伯伯，正如伯伯思念南方。我們武裝起來，對抗那些美國飛賊。」影片大概就是以如此的立場和基調展開的吧。雖然這麼說不太尊重，不過關於意識型態這件事有多容易變成喜劇題材，我在影片中充分享受到了。這部上個世紀所製作的影片（一九九五年左右），令我感覺：一、越南還不是一個十分富裕的國家。二、其八股樣版連當地人都無法說服，更何況我們這些觀光客。

由於這股對西方資本社會（美國）的敵意太過張揚，以致於其整體呈現出「無害的戲劇性」——影片中對美軍、越戰在意識型態上的敵意，在觀光客的眼裡是無害的獵奇。當導遊在古芝地道（Cu Chi Tunnel）中，生動地示範美軍掉入陷阱後的各種殘酷死法，我們不時發出「哇」、「噢」等驚訝的聲音。我不知道團員中有沒有因此感到不自在的美國人，但這絲毫不影響我們幾乎是「愉悅地」全然接受這種《黑色追緝令》（*Pulp Fiction*）式的幽默。或者我們可以看到，這意識型態的反差所產生的事物，被儲存在胡志明陵寢旁的博物館、共產主義美學的寶庫。所有為政治服務的藝術家作品所呈現出令人忍俊不禁的幽默，和其理念的嚴肅性恰成對比。若不是想要達到如此理念境界的諸多努力，斷然不會如此滑稽令人發笑。

然而，我來到戰爭陳蹟博物館（War Remnants Museum）後，所有的事物卻在此完全翻轉。

由孩童所畫的各國籍者共同站立於地球前的繪畫、因越戰而失去肢體的人們、枯葉劑受害者所誕下的畸形兒……這些照片沒有那些戲劇性的敵意，亦無輔助道具、生動講解的導遊，只有照片、海報、報紙等平面展示物。

多麼巧合，我想。四年前，感受到相同幾欲落淚衝動的悲憫，是在紐約的九一一紀念館。蓋達對美國人所做的，在胡志明市戰爭陳蹟博物館所展示的，亦是美國人過去對越南人所做的。

既非天道循環也非因果輪迴，因為施害者與受害者，根本不是同一批人。受苦的既不是美國人也不是越南人，只是「人」而已。

就連當時的施害者美軍，一樣無從倖免於意識形態所帶來的慘烈後果。

看著無數因美軍在越南噴灑各式化學藥劑，而造成美、越雙方各種形式的殘缺：皮膚潰爛、連體嬰、肢體缺乏、失智、眼球缺乏、憂鬱、骨骼與肢體變形、過敏……沒有人按下快門。因為，沉重得按不下去。

做下決定卻無須為此負責的高官，甚至美國總統，今日都不再是越戰時的那些人了。弔詭的是，歷史往往在換了不同的一批人之後，又再次犯下相同的錯誤。施害者與受害者的界限變得模糊，無意義的意識形態之爭一再重複，任何事物在其中皆無意義。人性的光輝在「意識形態」重壓下，是否有生存的空間？

有的。直到我看到這張照片。

由戰地攝影師澤田教一（Sawada Kyoichi）所拍下的這張照片，一位越南母親，帶著孩子們在戰地中涉水而過，並幸運地到達安全之所。

澤田教一〈逃向安全地帶〉。他以這張越戰期間所拍攝的照片贏得了 1966 年的普立茲獎。

在之前的照片中，我看見生命在戰爭中如何脆弱易折。而這張照片卻讓我看到生命的堅韌不屈。當我那過於稀少的眼淚從眼眶中落下之時，我發現，那是一種超越意識形態的喜悅。身為「人」的喜悅。

沒有面孔的台灣旅人

跟青年旅館的室友們聊天時，他們說我有張當地臉。沒聊天時，他們以為我是墨西哥人、越南人、泰國人、波里尼西亞人、美國印地安人、印度人、西藏人、韓國人、日本人、蒙古人——我可以扮演白種人以外的任何人種。好吧，還挺國際化的。

反正我本來就覺得自己像是沒有國籍的人。台灣不是一個單一民族，甚至還不被「承認」是一個國家。在無數次旅途上的自我介

Saigon

15,043 km

10,688 km

位於河內的聖母教堂，
天主見證越南這個國家
的諸多苦難。

紹中，我發現外國人對台灣缺乏足夠的印象（即便是刻板印象）去定義、認識。通常他們會說「哇噢，台灣……」（也許會有半秒到二秒的停頓）「我聽過許多人說那裡很棒，但我還沒機會去……」而問起他們對台灣的印象，他們會說「……呃……那裡非常漂亮、人非常好、非常進步」之類的。

承認吧，我們就是給別人這樣一個幾近於「無聊」的印象。這時肯定有「愛台灣」的台灣人跳出來，為自身的獨特性辯護吧？雖然知道自己並不如外界所想那般無趣，我們只是不善宣傳，也可能是對於把「溫良恭儉讓」一經抹粉、堂而皇之地放上檯面，總感覺不甚自在。若是一定得表現出有如充滿民族自信的對岸般的「競爭性」，也許反而會抵消兩者的差異，抹殺了我們身為台灣人的自我認同。

不過，當個面貌難以定義、國家模糊不清的旅行者，有時反而能夠騰出空間，無差別地看待所有事物。我們知道自己永遠不會成為浪漫的法國人、熱情的義大利人，不是謹慎自制的德國人，更不是在長途旅行後還能穿著潔白襯衫、將物品保持得極度良好的日本人。我們沒有面孔，也就沒有刻板印象可留存的空間，也許，這就是為什麼外國人屢屢被台灣的「人」所感動的原因。因為他們對我們的資訊太少，而我們總是體貼地投其所好，我們在他人的眼中總是不會（或不敢）犯錯，於是隱藏了真實，使得台灣人的形象益發令人難以理解。這種資訊的不對等，使我們總輕易地給出超過他們所期待的事物，一直到白人們真的交了個台灣女友，才知道其實大家都一樣，台灣女孩並不總是像外表看來那麼乖順。

一個才剛剛在柬埔寨被騙了四千美金的德國女孩問我：「為什麼不常看到台灣的背包客？」雖然差點身無分文，她還是覺得這趟旅途的經驗值得。

我們不愛旅行嗎？但是台灣各式精美的旅遊圖文書和指南，顯示旅行對我們不只是放鬆，簡直是趨近於信仰了。而若說工作和社會給予這種「不正經事」的壓力太大，那日本背包客這種「物種」不是應該要消失嗎？

或者，問題說不定就只是單純沒錢吧？我想起在曼谷青年旅舍遇到的一個大陸人，他的工作是在內蒙開火車的。即使對這樣一個聽起來頗有油水的國營單位職位來說，想在東南亞玩一個月，對他來說也絕不容易——事實上，他甚至還想跟著我進行克難之旅，以節約預算。然而，以其一千七百美金的預算，再怎麼省都無法跟我跑完全程的。他完全不會說英語，而且第一次出國，是個連獨自走在考山路上都有點怕怕的，完全的生手。他不知道這次出國一個月，他的「肥缺」是否可能不保，但比起對於日後的未知，他更害怕這輩子就在「已知的安全」中度過。從他的眼睛，我讀出了對岸的他們擁有著我們所缺乏的——對於安定而非對於冒險的，恐懼。

這就是了，旅行，是因為我們害怕；為什麼不常看到台灣的背包客，因為台灣人「不害怕」。更正確地說，我們通常不會把自己放在令人害怕的情境之中。我們面對害怕的方式，是走到一個安全的地方來覆蓋它（或像做額前葉手術那樣地消除它）。所以台灣人不會去Pahalganj（新德里車站前的背包客住宿區）投宿、不會去達拉維（孟買最大貧民窟）、不會獨自去坐印度的三等車廂、不會半夜獨自走山路下山、不會去坐湄公河慢船……而衝撞其他許多聽來危險的事，更是想都不會去想。

無意冒犯。我們在旅行時的強項是設計旅店、美食、時尚與購物中心、舒適的SPA以及親切專業的導遊解說。我們用這些精緻的生活風格來覆蓋、隱藏我們對外界危險的不適應以及尷尬。所有令人不安或害怕的事物，就算不應完全切除，至少也要把危險圈養至「已控制」範圍內，像高空跳傘那樣有心理準備的危險性。

於是，我們這些只尋求安全、完全切除任何可能的不適或危險的遊客們，自認為生活風格的特殊性，在世故老練的國外旅行者中，像是整形過頭如洋娃娃般的偶像明星們，美則美矣，但從來沒有可被記憶的焦點。

弔詭地，那台灣人所欲除去的「恐懼」，卻成為我最珍視的事物。以台灣標準「不工作便等於廢柴」的我，在旅途周圍所看見的歐洲年輕人，有許多跟我一樣沒有工作、出來旅行，他們認為，當一個有臉孔的廢柴，勝過當一具沒有臉孔的機器。接受自身原為廢材，需要莫大的勇氣，而其實現在的「沒有生產力」，也許日後生產出來的事物，將會改變「生產力的定義」，成為這個世界所需要的「下一件事物」。

Ⅱ
印尼，在旅程的折返點，做個觀光客

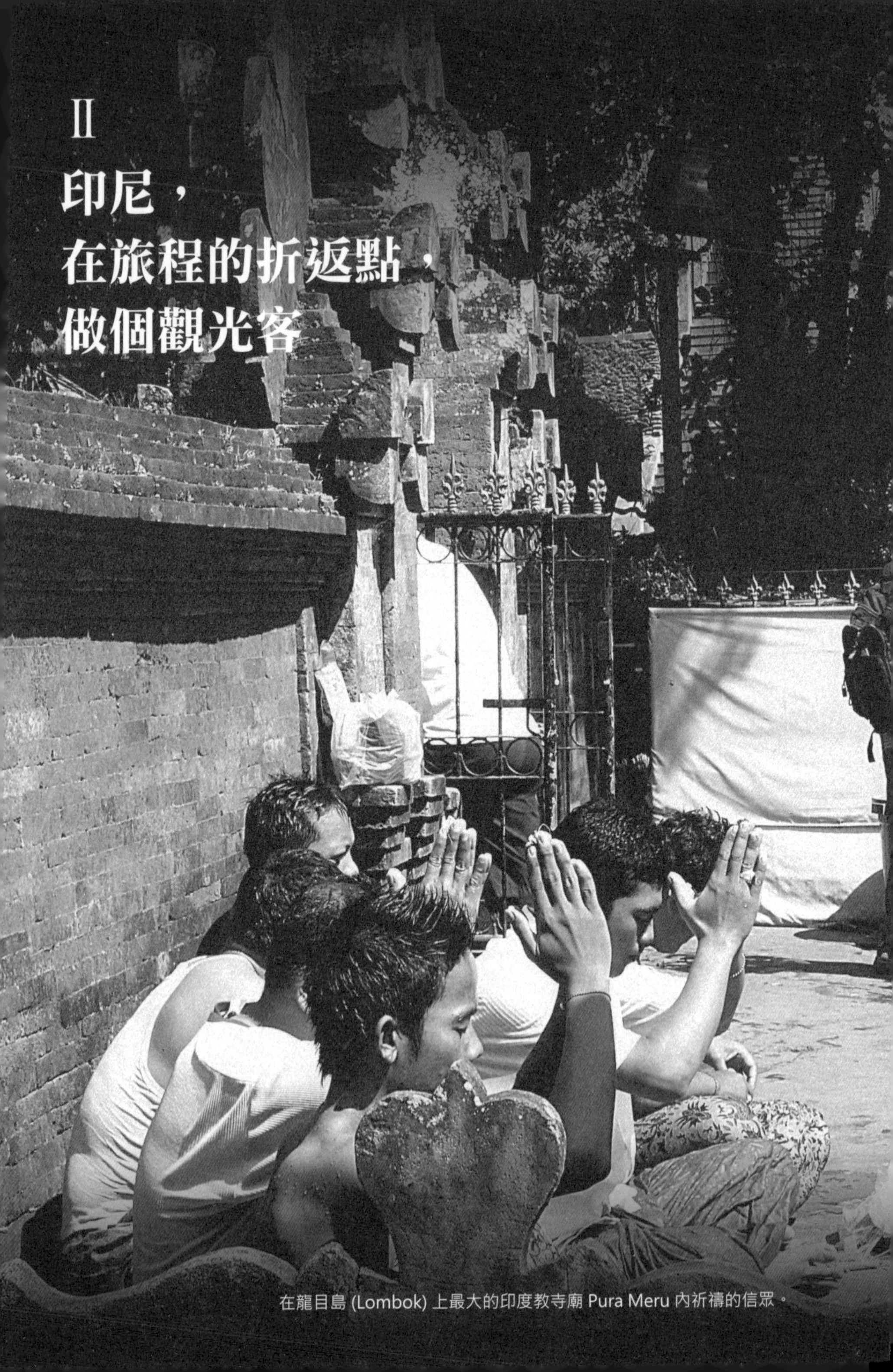

在龍目島 (Lombok) 上最大的印度教寺廟 Pura Meru 內祈禱的信眾。

我在雅加達的蘇卡諾國際機場長椅上躺了三個小時，一夜未眠。急於離開這個城市，在遍尋銀行兌換旅行支票未果之後，仍舊決定前往日惹，也許觀光區更容易兌換旅行支票？然後，在車站速食店遇到了第一個談話的印尼人，回教徒。

對他們的印象，還停留在印度時所遇見的那些人——對外來者，他們的眼神中抱持著疑慮，加強我身為外來者的自覺。一邊想著印尼的回教徒是否也如此的我，一邊和這位印尼小學教師聊著，原來她也是一位喜歡旅行的人。她羨慕我可以去這麼多地方，而我也驚訝，原來她曾不小心吃過豬肉啊，她笑了笑說：「已經吃到也沒辦法啦！」

嗯，我開始喜歡印尼了。

早安，日惹。

雖是爪哇中部的大城，但市區還是可以看到很多像是荷蘭殖民時期遺留下來，帶有紅色屋瓦的房子。在公車上，以眼角餘光瞥見無數條看似通往山腳稻田的小巷子，那裡一定有更原始、更美麗的景色吧，我想。

在巴蘭班南遺跡的售票室內，買了票，一位穿著像警衛制服的人叫我過去，我極熟練地把包包放在桌上，自己迅速翻開內層給他檢查，以求縮短彼此時間。

「喔，不不！」

「為什麼不？」我問。

原來他只是要告訴我，這裡有水跟咖啡，我可以取用。

「It's free?」

「Yes, it's free.」

在東南亞旅行的經驗告訴我，未問價格就接受任何東西或服務都是危險的，因為一旦未問價而接受了，價格就得隨他開。這是我第一次遇到遺跡公園內有免費的茶、水和咖啡招待的。雖然不知道峇里島是否也是如此，但我發現，至少在雅加達和日惹，好像可以把殺價或爾虞我詐的力氣省一點下來。不過這裡的博物館跟銀行在下午二點就關門，再加上暑熱逼人，一過了午後，基本上只能無目的地隨意逛逛，或就跟當地人一樣，點杯冰茶坐在路邊看報紙，如此的生活方式跟如此友善的當地人，再加上觀光景點提供免費茶跟咖啡，讓旅程變得輕鬆許多。

旅行之神；附魔者

通常我不會主動接近大陸人，即使他們是背包客而不是旅行團。但此時我被他們的嗓門逼得不聽不行，乾脆以借個火為由，順勢坐下來一起聊天。

楊哥是個約四十歲左右黝黑高瘦的男人。在到這裡之前，他幾乎已去過亞洲所有國家、中東，以及一半左右的非洲國家。我們聽起他的旅行經歷，他說最美的海灘在納米比亞，那沙漠是直直延伸到海裡的。此外，他在烏干達跟海關爭論、被非洲民兵拿槍指著頭部、在象牙海岸被偷去所有家當、在莫三比克坐小船跨過水深及頸的河流、在芽莊上警局、在瓦拉那西晨泳（然後吐了三天）、在尚比亞偷渡被遣返再偷渡還堅持不肯賄賂海關……等令人目瞪口呆的克難冒險事蹟。看來，我遇見了每個新手背包客在旅途之中，必定至少會遇到一個的「流浪之神」——只是萬萬沒想到，這個人會是個大陸人。

他自稱早年靠炒股發了一筆財，此後就浪跡天涯，以平均三年回家一個月的節奏，進行漫遊計畫。他的旅行速度並不快，因為即使在旅行中，他也不斷學習語言、做記錄。他從來不用相機，只有筆記本。他曾連續吃三個月麵包，卻敢在伊斯坦堡享用一頓六十美元的大餐，只為了服務生對中國人的態度令他不快。他把旅途中發現的許多生意機會和資訊提供給朋友，其中有幾個還真的這樣做起貿易來了，但其中也有一些遺珠之憾。

「你一定知道，菩提迦耶的那棵菩提樹，也是從斯里蘭卡的菩提樹接枝過來的？」楊哥問我。

「我知道。」

「所以我們可以把這些在當地不值錢的葉子收集起來，包裝賣給信徒，在每年的法會期間收集、清理、分裝、包裝，還可以製作認證的保證書出售，獲利一定可觀！」

「你不是無神論者嗎？」

「所以才能做這門生意啊。」他笑著說。

接著，我們談起最敏感的台灣和西藏問題。「我其實不太在乎台灣到底是不是要獨立。因為不可能嘛！好，今天讓台灣真獨立了我也不在意，台灣還能吃了大陸不成？」

楊哥說。「可我就不懂幹嘛台灣人放著有錢不賺偏要硬幹。我要是台灣人也不會這麼做的。對誰有好處啊？」他走遍世界，也還是有標準大陸人的立場啊。

「我是不會這麼做啊。」我說：「我不過就是一個想要好好過生活的小老百姓。不過，我覺得光是悶起頭來不吵不鬧乖乖賺錢，對我們是不夠的。」這下換我說明立場了。

「所以說，台灣的抗爭其實像是鬧脾氣？」

「應該說，表態。」我修正。

「但你們的『表態』挺激烈的。」另一個大陸人小吳說。

「你們的公安才激烈吧？」我說。「不怕得罪你們，想獨立的台灣人說實在蠻多的。大概有百分之九十以上吧。」其實我也不知道，只是故意把比例提得很高，這樣討論起來比較刺激。

「百分之九十！」

「對啊，如果中國逼台灣現在馬上決定獨立或合併，除了少部分真正感受到好處的台商以外，其他人大概只會感受到立即失去自由的恐怖而選擇獨立。看看香港吧。香港回歸之後，政治人物的自治權絕對會越來越少。誰會相信香港政治家真有權力促成良性改變，而不用看北京那些大爺的臉色？看到今天的香港，我確實會想到台灣的處境。」我說。

「所以，還是維持現狀最好。大家都別亂搞。一統一，誰都去台灣了，那去台灣旅遊看一堆自己人還有啥意思？」楊哥和我總算達成初步共識。

但關於西藏可就不能這麼說了。當我提起曾遇過藏人告訴我，漢人大批移居搶走當地工作時，楊哥告訴我：「我喜歡西藏。在西藏時，好多人跟我說藏語，我說我不是藏人，他們回答：『怎麼可能？你一定是！』但是，你不能因為漢人辛勤工作就說他錯了啊！勤勞有錯嗎？我喜歡西藏，也不想影響西藏的美，不過若是因為漢人勤勞而搶走藏人工作，那應該是藏人要努力啊，哪裡是把問題怪到漢人身上呢？」

我很瞭解中國人有多勤勞。在美國發生經濟危機時，其實受影響相對較少的是亞裔，尤其是華人。然而，藏人的經濟體質和人口數量，都遠遠及不上美國人。面對這麼大批漢人移入，以及每逢假日青藏鐵路所承載遊客的巨大吞吐量，說這麼做可能會摧毀藏人的文化，並不誇張。

「只要移個一百萬華人到拉薩，就算他們除了吃喝拉撒什麼都不做，仍會對西藏造成很大的影響。」我說。

就算立場不同，仍然相談甚歡。對這位不斷漂泊、有著印地安納瓊斯風格的中國流浪者（若老外有這種經驗也許不會讓我如此驚訝），我除了佩服羨慕得不得了之外，也問自己，這種無處不是家的自在，或說無處為家的瀟灑，會是我想要的生活方式嗎？

楊哥與陳姐是在旅途上認識的，現在他們一起旅行，所以，他並不像流浪者那般孤單。對於有流浪基因的背包客而言，這會是一種理想的生活方式吧——當個永遠的流浪者，但不寂寞。

隔天正午，我從婆羅浮屠回來，在日惹的皇宮附近巧遇陳姐。陳姐說，楊哥心情不好不想出來。於是我們當日下午同行。我說實在很佩服楊哥，「他啊……」她說：「是個怪人。」

「哈哈，是啊，誰像他這麼厲害。」我說。

「他已經好幾年沒有工作了。跟他說過好幾次了，我說要不這樣，三個月旅行、三個月在家休息和工作，或者半年也行。這樣勞逸結合有啥不好的？」陳姐說。

「我覺得這樣也蠻好的啊。」我說。

「是吧，但他這人，你說服不了的。」陳姐嘆了一口氣，然後告訴我她的故事。

陳姐是雲南人，快四十了。看來除了稍微豐腴，皮膚黑些之外，五官外表都是好看的。畢業後她去了重慶工作，由於個性海派加上長相甜美，結識了不少朋友。偶然間得知故鄉有塊地要賣，土地價值倒沒什麼，就是那些柚木值錢，雖然品質比不上緬甸的，但養個七八年，一次砍掉所得的收益，已經夠她在都會區買套房子出租還多出許多了。這樣兩輪下來，其實兩年不工作也一點問題都沒有。於是她把這林子給別人經營進行木料加工，就算賺的沒那麼多了，若不特別浪費，憑這筆收入一直旅行到六十歲也行的。

「我喜歡旅行，可不工作我也悶。我去見過楊哥他父親，頗有些壓力，他父親是退休的幹部，成天就巴望著兒子給他添個孫子，之前還瞧不起我，但這兩年他感覺兒子跟我在一起穩了，於是這事少提了，對我也好得多了。」陳姐說。「不斷旅行的結果，就是朋友漸漸沒了。他這樣回去，連找朋友吃飯都少了，見面聊的話題也少了，生活不一樣嘛。旅行得越久，越回不去原來的生活。我希望這次回去以後，能留著他至少半年，讓他在上海陪陪他爸爸。」

原來，不斷流浪的代價，是回不去文明世界嗎？在看盡世間大美同時所付出的，便是對於送往迎來這些人際交流等世俗的厭倦。陳姐告訴我她長途旅行的臨界點是四個月，因為換洗衣物以及旅行日常的循環，到了此時就會耗盡，然後步入另一個境界——有沒有洗澡，或對身邊衣物等瑣事，會達到不在乎的程度——只要錢和護照留著，一切都是可以丟棄的。這時候的物欲會趨近於零，一切只為了當下的使用。有時候，她覺得這樣有點太過出世了，所以對於曾數次連續不回國三、四年的楊哥，現在到底想著什麼，說實在她也不是很明白。

我心中突然浮現「附魔者」三個字來。旅行所給予我們的種種自由，何時成了一座心靈的牢籠？他被關在平淡人生的牢籠之外，上了「自由」的癮，而眼神中有那種覺悟者飄渺而毫不在乎的神情。

「人之所以不自由，是因為他不知道他是自由的；僅僅是這個原因。這就是一切，一切！誰要是明白了這一點，他此時此刻馬上就會變得自由。」

我將杜斯妥也夫斯基話中的「幸福」代換成「自由」，同樣合理。「附魔者」並不知道自己是自由的，因為，沒有不自由的平淡生活在等待著他。自由是經由對比而來，而若我真能過上完全無限的、可以什麼都不做的流浪生活，我還是寧願想要陳姐所說那種「勞逸結合」的生活方式。

聖地，勝地——婆羅浮屠

婆羅浮屠是世界上最大的佛寺，我並非以佛教徒的身份前來朝聖，只是尋訪曾有人追溯過佛的足跡而來。吸引我來到這邊的原因，我想多少是想要符合腦海中「追尋古蹟的背包客」所呈現出的浪漫形象吧。

這座建築是一座巨大的蓮花，其正方形的結構層層上升，與藏傳佛教唐卡中的「壇城」（曼陀羅）相符。宇宙模型的象徵、諸神與諸天女（Aspasa）所居住的須彌山頂上，百尊佛像如今僅剩少許。牆上的浮雕刻滿了佛陀的生平故事，而天女的出現並不頻繁，這使得這裡比起吳哥窟的諸寺，少了一些聲色奔放的華麗熱鬧。

在底下幾層觀賞這些浮雕的同時，微明的晨光將頂部染成金色，並隨著日升漸次下移。而我拾級而上，一圈圈地小心地按順時針環繞佛塔，灼熱而刺眼的光流滲入我的眼孔。在底下的幾層向外看，只會看見遺跡公園內的周圍空地；但越往上走，直到與那些碩果僅存的佛像相同的高度，我看見了晨霧之下的熱帶叢林和山巒，才稍稍可想像這座遺跡被荷蘭工程師 H.C.Cornellius 發現時所呈現的原貌。這座保存完好並精心維修的遺跡公園，可說是有著古代聖地之名的現代風景「勝地」，而對大多觀光客而言，他們更不以「聖地」的概念來說服自己相信這裡真有什麼神奇能量，而是專心在欣賞秀逸的風景、精緻的建築和歷史的淵源之上。

究竟是我們這些同樣身處佛教文化圈，但在成長過程中逐漸洗去原初靈性、變得世俗化的東亞之民，有機會能感受所謂「聖地」的靈性？還是雖然身為回教徒，卻在生活各層面都或多或少處於宗教統治下的印尼人，對於「聖地」有更深刻的體認？

而最終，不同宗教甚至無神論者，即使不能接受婆羅浮屠做為一座古代「聖地」，也能接受這是個「勝地」。也因此，這裡並未如先前所預期的，擠滿一車又一車的大群佛教徒，而是有著許多穿著紫色制服的回教女學生，和印尼的一眾市井小民。

這仍然未能說明，當我們漫步在古代佛寺的廊柱與浮雕間，以及光線透過窗孔照射到鐘型佛塔內的佛像上時，所感受到某種無法用言語形容的事物。我不相信什麼超自然之物或靈體會附著在這裡，倒像是看了一部令人感動的電影。同理，如同觀影前必將燈光關閉，進聖地前也須將心的頻率調慢，接受歷史宗教文化所調和、準備給予觀看者的一切美好之物。而量化其美好的度量衡，便被稱為「神聖」。

「神聖」的感受之於我在旅行中所見，並不是什麼巨大而冠冕的辭彙，而是對於生

婆羅浮屠的日升之際，微明的晨光將佛像頂部染成金色。

活細微之物（可見或不可見）的感知，而那感知的規模與尺度比較巨大罷了。

旅人是收集回憶的容器，波羅莫火山

由東爪哇省的龐越（Probolinggo）前往離火山口最近的小鎮 Cemero Lawang，抵達時已近夜晚。我蹲在旅館外，邊吃泡麵邊做筆記：

一、南半球的星空，似乎和在北半球看到的星空不同，可隱隱看見如淡淡煙霧般的星雲，漂浮在星體之間。清朗的天氣加上幾無其他光線影響，高地虛空如此廣袤，星體間的光芒因過於密集而擴散，如同滴到紙張上的一滴水珠，使夜空呈現出濃稠的液狀光芒。難怪叫做 Milky Way 啊，我心想。可以理解為何許多古代文明，能擁有與科技水平極不相稱的強大

晨霧之下的熱帶叢林和山巒。

天文知識，對他們而言，沒有比星空更頻繁出現的形而上學了。

二、Cemero Lawang，這個位於爪哇島上海拔二千多公尺，火山口邊緣的小鎮，不知為何令我想到南美安地斯山脈上的村落。也許是曾看過相關的考古學理論，表示玻里尼西亞人種起源自台灣，往南的一支到了印尼，北達夏威夷、東至智利的復活節島。而另一個理論提出這些海上民族可能繼續向東，到達了今天的南美大陸。

三、火山口冒出的氣體看來就像品客大叔的一抹小鬍子，而在波羅莫火山後的Gunung Semeru，是一頂高高的墨西哥帽。

初升晨光逐漸消蝕這片台地上流動的濃霧，由觀測台往下方看去，可看見如螞蟻大小般的吉普車和摩托車捲起的煙塵。不知道這一條條的乾涸水道，是這些越野車，抑或是雨水在其上切割或沖刷所造成的？透過天空雲層緩慢下降的光簾，鋪蓋在有如外星地表的荒漠上。這座以火山灰構成的廣大沙漠，由聳立在八十萬年前、遠古時直徑達十公里的超巨型火山Tengger，不斷噴發直至火山口再也無法負荷，潰散所致。火山的山腳下，僅存在一座印度教小廟Pura Luhur Poten，若不是有著前來祭拜的當地人與零散的觀光客，我幾乎要以為這是月球表面上的古代遺跡了。像是在粗礫的荒原之上，被雷神的巨斧劈開的爪哇式印度教神廟大門，就這麼突兀但畫龍點睛地佇立於此。

我順著人群往火山口的階梯走去。窄小的階梯被觀光客堵塞，造成了熱門觀光勝地的錯覺，但通往火山口路徑上的旅人、入口穿著有點像南美洲原住民的小販，加上牽著矮短馬匹的馬夫，這些人數仍然遠遠不及趨近滿載的峇里島。並非只是因為這裡缺乏宣傳，而是「荒蕪之美」的愛好者，本就遠少於豐盛之美的愛好者。看著如今平靜的火山口冒出的熱霧，想像噴發時的激烈，其實「荒蕪之美」，或許也曾激烈、繁盛。豐盈的事物供應當下的愉悅，而荒蕪的事物則提供想像的愉悅，像是蘇軾在湖北黃崗所題下的赤壁「大江東去，浪濤盡……」，或是普魯斯特的「由氣味所誘發的一連串對於過去之想像」。背包客的長途旅行，除了享受當下的豐盈及感官上的立即愉悅之外，更流連於那荒蕪的過去，否則，就會如同同行背包客所說「憑什麼為了一堆該死的石頭這樣長途跋涉？」如同玩家收藏公仔，旅行者則收藏回憶，光是回憶曾經擁有的愉悅，便足以抵銷旅行本身的昂貴代價。

峇里島，旅行者與觀光團

自 Probolinggo 搭了五、六小時的巴士，抵達爪哇島東岸 Kalipuro 的渡輪碼頭時，已是午夜時分。由於巴士直接駛入渡輪，乘客可上船艙二樓的休息室，看看電視、吃點東西。我上了甲板，看著夜間的海面，對岸的點點燈火搖曳，伴我度過前往峇里島的半小時航程。

我知道這艘船要去的地名，但我不知道它通往什麼樣的地方；我雖然知道自己要做什麼，但我不知道我現在做的這件事，將帶領我走向哪裡。在抵達前，這些事物圍繞著神祕抽象的峇里島這個地名而存在，而抵達之後，事物的本身才會確實顯現出來。我莫名地聯想到法國印象派畫家高更描繪大溪地的名畫〈我們從哪裡來？我們是誰？我們往哪裡去？〉，表面上看來單純描繪大溪地風情的這幅畫，卻被安上了如此深奧的名字，讓大溪地彷彿增添了關於人類生存的巨大困境與疑團迷霧。與其對比，我能真正瞭解峇里島之謎嗎？不過，在旅行了近四個月後的我，變得越來越隨遇而安，就連對於「不確定」這件事，最終也會變得習慣甚至開始享受。

即使在旅行中，我依然持續使用智慧型手機。這麼說，也許可能會引起某些旅行基本教義派分子的不悅，不過我認為，「旅行就要隔絕所有干擾和現代生活的便利」這個想法，多少有些不近人情。從很久以前，旅行就不是少數人的專利，而其不確定性，也由資訊全球化降至「可控制」的範圍之內。也因此，旅行者由早期皇室資助的探險家和

在粗礫的荒原之上，彷彿被雷神巨斧劈開的爪哇式印度教神廟大門，就這麼突兀但畫龍點睛地佇立於此。

軍人，到今日普羅大眾如我者都可從事的、開拓身心的「休閒運動」，這樣的演化或可類比為時尚——由英國的 Silver Row 到今日的 Zara，可以說今日的背包客，實踐的就是一種平價時尚。即使我對 Zara 所代表的的平價時尚頗不以為然，卻不能說 Zara 的衣服「毫無時尚可言」；同樣的，即便一個人在旅行時仍藉由網路與其他世界連結，卻不能說他「不算在旅行」。旅行與觀光的定義，本就難以拿捏，畢竟，十九世紀歐洲人的「旅行」即使到了非洲，也還用著自己國家生產的骨瓷喝著英式下午茶。而直到現在，我才開始感覺到旅行以來第一次，自己內心「就是想要輕鬆地做個觀光客」的那部分，已經被喚醒了。

於是，我在庫塔海灘停留了三天，度假、衝浪、購物，甚至還在臉書上，與對我上傳照片氛圍感興趣的女性，有了耐人尋味的對話（雖然，這並非我本意）。在峇里島，一切都開始美好起來了。

五月四日的相對論

「相對論真的是令人傷感的東西呢。」——牧瀨紅莉栖，《命運石之門》

這真是最令人昏昏欲睡的烈日與晴空。在巴士上聽著音樂的我，一刻也不得歇息，因為沿著島上路旁的景色，一點也沒有因為旅遊商業的發達，而稀薄其自然風光與閒散的氛圍，一幕又一幕讓我捨不得移開目光。

在廣大平緩、綠得令人眼睛為之刺痛的稻田旁，孩童和婦女不時在水道中裸身洗浴，我有點羞赧地移開目光，但他們其實根本不在意。我想就著音樂讀起手中這本《微物之神》，但除了思考封面的書名之外，窗外那些微小而美麗的事物，引得我無法不心不在焉。偶爾將注意力轉回音樂上，我突然發現，聽慣的音樂似乎變快了。是因為手機電量的改變，微調了音樂的速率，或是昏昏欲睡使我的反應變慢所導致的呢？

所有的時間在同一空間內，在物理上可測度的任何一秒，都應該是相等的。但我們的心智在覺察與渾然未覺之間的各種變化，會使物理上的相等成為謬誤。

就算峇里島跟台灣島都是格林威治＋8，但空氣中的相對論，會極大化地扭曲每一秒的長度，使得物理性的絕對轉為相對。這說明了為何在峇里島的時間過得如此快，因為我的感知被峇里島閒散的空氣所餵養，變得緩慢，因此周圍的物理時間快過我的時間，於是對我來說，時間變短了，但質量提升了。

才一轉眼間，我發現自己搭上了前往下個地方的班機，然後羨慕起五月四日那個被時間相對論凝住的自己。

印尼的日常風景，龍目島

如果說峇里島像是精雕細琢的傳統舞蹈，龍目島就是粗略厚實的地方廟會了。由船上望過去，只見傳統茅舍錯落和大片森林；而進入島內，在尚稱平整的道路上，盡是破舊的清真寺和市場。是的，峇里島和龍目島，就像是一對粉墨登場的印度教姐姐和衣衫襤褸的伊斯蘭弟弟。

也許正是Albert Camus在《玫蘭小駐》中所記述的那樣——擺龍門和吹牛皮的年輕人、年過三十卻已像個老人的當地小販、海邊的情侶和一絲不掛的戲水孩童……這樣的敘述套用在這裡，可說恰如其分。

除了粗具規模的觀光產業、硬派的衝浪客和零星的觀光客之外，這裡

百沙基母廟

百沙基母廟（Pura Besakih）為峇里島上最大、最神聖之寺廟，卻有著必須由當地高價導遊陪同參訪的強制傳統。雖然很想用一美金打發了事，但顯然不被接受。
好吧，只好在寺廟的外圍參觀、拍照囉！
這時，寺廟的守門人看見我的刺青、聊了起來，然後邀請我進去寺廟參觀，而且免費。
對於我這種話不多的人而言，身上的刺青似乎表明了我的社交意願，成為了與當地人開啟溝通的一道友誼窗口。與台灣人對於刺青的壞印象不同，對他們而言，刺青如同守護神，而刺青者心中必存在神，美麗的刺青客虔誠而友好，且尊重當地文化。

是印尼人生活的地方。而我既不衝浪也不觀光，我來這裡，是為了暫時從夢幻般的美景中脫身，跳入粗礫、不平整、不完美、未修飾的，另一種印尼「日常」美景之中。

距離龍目島首府瑪塔蘭（Mataram）約三十分鐘的車程，Senggigi 是擁有大片未受開發汙染、綿延數十公里的碧藍色海岸線之起點。依著高突的石壁而建的道路，離海灘有數公尺至數十公尺的落差，可以清楚看見其下交錯著礁石與黑沙（或白沙）的海灘、嬉戲的人群、零星的漁船與遊艇。當然，還有在陽光下藍得發燙的冰涼海水。

雖然已經有著觀光區的雛形，但 Senggigi 絕不像峇里島庫塔海灘那般張

曇滿安蕓

在通往曇滿安蕓（Pura Taman Ayun, Mengwi）的路上，由竹莖和椰子葉編織，被稱為 Penjor 的類旗幟之物在寺廟前飄揚。騎著自行車在烏布的小道上，孩童在路邊放起風箏，不知名的印度教寺廟在小而細緻的梯田中央聳立著，美麗絕倫，像是吸引著船員落入陷阱的海妖塞倫，教人想一探究竟。我放開自行車的手把，迎著下坡的風，在梯田所構成的波浪中行進，稻穗像海中升起的泡沫般破碎著。農村景色充滿層次感，包括近景向中景延伸的麥穗，然後是道牆般排列的椰子樹，在清朗的天空下，隱隱約約看見遠方的火山──這些形塑了峇里島民生活與信仰的地貌，在由肌肉的疲累所換來正在移動的真實感之中，旅行的點逐漸被記憶的線給串起來了，不再像是大海中的孤島，而像是串起來的珍珠，在記憶之中閃爍。

牙舞爪，民宿和渡假村，不整齊但節制地被安排在唯一一條海濱道路的旁邊。不是趨於飽和的度假天堂，也不是遺世獨立的原始樂園，Senggigi是一位化妝到一半的印尼歌者，一半是印尼人的食衣住行，一半是觀光客的飲食起居。島上背包客價位的旅社不時停電、限電，更加深了我對這地方的好感（包含著惡感）。

我一面著騎著摩托車，一面想著，自己差不多已經過了陳姐所說那四個月的旅行時點了。這時的我，並不覺得自己已對「身外之物」有著不太在乎的跡象。我在這時的感受，是對於什麼是所謂必去景點，什麼又是可以能省則省的無意義事物，已經有點模糊，或者說已逐漸捨棄這樣的思路了。或者，「我想要在龍目島看到什麼」這樣的目的性，已被藍綠色的波光融成一團漿糊了。也許，騎著摩托車，一邊看著海一邊漫無目的思考（或者不思考），當個哲學家（或白癡），這就是我現在想要的。龍目島不是一個「景點」，沒有旅遊書教你這裡有何東西「必看」。也因此，與峇里島過於豐盛的文化觀光複合體相比，這裡，才把我從「景點」的箝制中解放出來。

旅行了四個月對我的意義，僅僅是把旅行的重心，由去「哪裡」轉移到「去」哪裡。此處，是這次旅行最遙遠的盡頭，而我從這盡頭，想像海洋的那一端。由南半球往北遠眺，越過眼前這片海洋，第一個碰上的是婆羅洲，然後越過馬來西亞的沙巴、切過南中國海、菲律賓的呂宋，我的目光抵達波里尼西亞的起源（我這麼相信的）、歐亞大陸東緣的亞熱帶小島，那是暌違四年半之久，我旅行的終點。

折返點

如果是十年前的我，一定會繼續騎下去直到沒有路為止。但是，如果想要行得更遠，速度就必須放慢，然後吸取經驗，確實明白什麼時候該繼續，什麼時候又該停止。不能等到餓了才找餐館，不能走完眼前這段路才問回程的出發時間，也不能等到快天黑才想到要找路回旅館。旅行帶給人的自由與滿足，是來自於你做下選擇的那一刻及其後新事物所反饋。然而，與繁瑣的事物相抗、不斷比價、閱讀資料、安排行程確保移動通暢、漫長的等待……種種令人感覺受限而無力的狀況，同樣時時存在。

原來，旅行無法成為人生的逃避，甚至亦不比日常生活更自由——同樣都是自由地下決定，然後概括承受隨之而來的各種不自由。

最應牢記在心的，就是在還有餘力時保有放棄的選項，也就是旅行，或者是，人生的折返點。

旅行的目的是為了回家。若家鄉沒有值得期待的事，也就沒有旅行的必要；對回家的期望越熱切，對旅行的體驗也將越豐盛。

這裡，就是我在龍目島上的折返點。

Lombok
15,043 km
11,879 km

（左上）Panjor 在寺廟前飄揚。（右上）烈日下的峇里島寺廟。（下圖）烏布的婦女。

由左上順時針：庫塔海灘、海神廟、黃昏的峇里島水稻梯田、搶眼鏡的猴子、烏魯瓦圖峭壁、美麗的窗戶雕刻。

旅行者與觀光客

我並不認為旅行者（Traveler）與觀光客（Tourist）有質的差別，也許在旅行的難度及時間長度有所不同，但這不意味著做為觀光客，無法在短期內達到旅行者所見識過的深廣。若是一個尊重當地文化和理解多元之美的觀光客，一天，不，一個下午就已足夠。

我們對於大眾景點，總有種又愛又恨的感覺。許多旅人跟其他背包客輕描淡寫地提到要去峇里島時，表面總是漫不經心、順便，其實是要掩蓋心中「非去不可」的決心。但對於到訪更為熱門的大眾景點，恐怕就沒有那麼容易假裝漫不經心了。

在這片站滿了觀光客的海中陸地（Pura Luhur Tanah Lot），我也在其中，依序排隊用水潔淨臉部，把米粒點在額頭（在印度是紅色的硃砂 Tika）、把雞蛋花別在耳際之時，聽到不少台灣人的國語此起彼落。這裡真是大眾景點啊。我想著。但奇妙地，這次我並未像在以往的旅途中，刻意迴避被視為「普通的觀光客」。

我們出發長途旅行，是為了逃離「普通人」的生活。但不知從何時開始，我看待「大眾景點」與「特異景點」、「旅行者」與「觀光客」的差異之間變得模糊。想要變得特別、想要看到特別的東西之欲望，是我開始旅行的動力之一，但在跟各種獨特的人們接觸一段時間後，普通的人或事反而開始變得特別。能夠成為觀光客，難道不是普通生活的餘裕令他們得以出國嗎？就這點來說，「普通」無疑是一件美好的事情；而我看夠鄙夷著

「觀光客」又如何？在峇里島．Traveler和Tourist的差異並不大。

「普通」的旅人了。我認為我是「獨自成團的觀光客」，而能夠泰然接受被看待為觀光客的這一點，對現在的我來說，反而是一件美好的事情啊。

流浪者尋求獨特的生命經驗，觀光客享受美景和與日常生活切離的空間，所有事物都是兩者的綜合，不存在百分之百的流浪者或百分之百的觀光客。因為即使在最俗不可耐的觀光行程之中，都包含著那驅動我們離開日常的某些崇高事物，若沒有這事物存在，「觀光團」存在的目的亦全然消失。

III

星馬，
粗糙喧囂媚俗新舊
文化混雜之美

新加坡最古老的南印度寺廟馬里安曼。

歡迎來到新加坡！

「Welcome to Singapore!」這句由周潤發飾演的海盜船長，在《神鬼奇航：世界的盡頭》（*Pirates of the Caribbean: At World's End*）中，所說的第一句台詞。從充滿熱帶自然美景的島國印尼，進入充滿熱帶人造景觀的新加坡，我在樟宜機場所得到的第一印象，全然不同於電影裡描述的「世界的盡頭」，而是「歡迎回到文明世界」。

這裡原本不被認為是一個值得特地造訪之地，但新加坡人將這種劣勢轉換為優勢，成為一個完美、能輕鬆造訪的過境之所，乾淨、安全、進步且方便。從離開上一個文明之地——曼谷之後，已過了二個月，對現在的我來說，來到城市，又重新變為極具清新且充滿吸引力的旅行方式，而非亟欲逃離的日常。

由濱海灣金沙（Marine Bay）周邊開始，首先來到 Louis Vuitton Island Maison。這是東南亞第一家「島上之家」概念店，彷彿一艘停泊在港邊的水晶船。在持續追逐美景的游牧式生活一段時間之後，所謂人造的奢華，竟也產生不同於觀覽自然歷史美景的感動。我穿著爛T恤、髒卡其褲跟修補過的勃肯涼鞋，就這麼走進去，並不因為衣衫襤褸而影響自己欣賞奢華事物的心情，自然美景和名牌精品店兩者之美，於我來說是相同的。雖然毫無節制的物欲似乎是一種罪惡，但美的事物是沒有善惡之分的，在我看來，不如以享受的方式來區分：若以尋求脫離常軌的刺激做為享受的標準，新加坡顯然是不合格的；但若想尋求細緻精煉的城市體驗，並在城市文化中比較學習，新加坡是絕佳的選擇。

離開 Louis Vuitton Island Maison，我來到萊佛士酒店（Raffles Hotel）。黃昏時的此處顯得空曠，雖為殖民時期建築，但不知為何，少了一點懷舊的氣味。

Front Row 的店面和工作室就隱藏在二樓，這裡擁有眾多 Cosmos Wanders 的衣服和新加坡設計師的作品。越過能俯瞰一樓餐廳的中庭，另外一邊是 Surrender。比起 Front Row 的年輕俐落，Surrender 就顯得沉穩如紳士，不過仍包含許多悶騷的行內單品！除了 Martin Malgiela 的配件外，紐約設計師 Thom Browne 的作品也在這裡完整呈現。

我走進了濱海灣金沙酒店的 Dior Homme。大概沒有背包客會背著大背包、短褲加破涼鞋去逛這類的名牌服裝店吧？對上店員打量的眼神，我說：「我想看看西裝外套，參考一下。」並非真打算在旅行途中買下這麼昂貴的東西，而是想徹底感受，脫離相較下不那麼進步的東南亞，重新進入文明世界的感覺。

店員對我的穿著很有興趣。我告訴他我正在旅行，他露出了強烈的欣羨之情，我很意外，這對他們來說，不是稀鬆平常的事情嗎？

一直認為新加坡是亞洲國家經濟競爭力強盛的具體呈現，是十五年來陷入一灘死水的台灣之對照組。新加坡平均年收入是我們的二到三倍，環境乾淨整齊秩序良好，位於歐亞大陸的樞紐位置，人民從小嫻熟各種外語，英語更是必須語言，想必新加坡人必然已習慣出國旅遊，且與其他國家有著密切的往來關係，讓此彈丸之地成為外國人進入華人世界的前線區域。

在新加坡不時發生「原應這樣，卻又不是」的錯置感，像是明明是位於赤道上的城市，由於空氣乾淨、環境整潔而不覺炎熱，而多數華人及印度人缺乏公德心、疏於維持環境的劣根性，在這裡亦不復見。走進佛牙寺旁的死人街（Street of the Dead），穿過生平所見最乾淨的夜市，不知怎地，一個轉角就是新加坡最古老的南印度寺廟馬里安曼（Sri Mariamman Temple）。不同事物間的連結似乎沒有距離，僅一瞬之隔就轉換位置。即便佔統治地位的華人文化，在我眼中也像是正統華人世界之外的變奏曲，新加坡華人雖與我們說著相同語言，有著一樣的皮膚顏色，但其本質早已發生了異變。我們一直在意自己在他人眼中的形象，戰戰兢兢地維持著原貌，而他們早已走出去，把全世界拉到自己的身邊。

短短的新加坡之行，究竟是不是走馬看花？也許是吧，但請別對走馬看花嗤之以鼻。對於深度旅遊的推崇，並不總是適合套用於所有人、所有地方——正如我不喜歡一試定終生的聯考制度，在對興趣缺乏廣泛地探索與瞭解之前，就急於把自己往下扎根。我喜歡在走馬看花中，逐漸確立旅遊的分類學：哪些我確定會常去但不會久留、哪些一生中只會去一次、哪些地方我會不時地「永劫回歸」……也許，我會選擇一個地方，在未來的人生中不斷回返，甚至常駐——但，可不是現在，目前我還挺享受走馬看花的。

《百年孤寂》之鬼魅況味，麻六甲

由新加坡坐巴士出國境後，直達馬來西亞的新山（Johor Bahru），再從新山轉搭巴士到麻六甲（Melaka）。一路上只看見整齊劃一的油棕林，產量據稱佔了全世界產量的百分之五十五。不久，我就對單調的景色感到厭膩，轉而將思緒放在目的地上，這個或許與我們具有某種相似性的城市。

我知道台灣東北角三貂角地名之由來，是西班牙人為其所取的Santiago（亦譯聖地牙哥）之轉譯，而麻六甲也有一座帶著廢棄砲台的古城門，名為聖地牙哥。高鼻深目的紅毛在淡水蓋了一座紅色建築，這裡剛好也有一座名喚「紅屋」（Stadthuys）的總督宅邸。在荷蘭人統治前，我們被西班牙人侵占，他們則是葡萄牙人，之後也同樣被日本人治理過一段時間。儒釋道三教合一的行天宮，在台灣做為宗教文化之共融，而名喚青雲亭、馬來西亞最古老的三教合一廟宇，自明朝起已然存在。遠在我們的小島開始接納移民之前，這座城市就是由鄭和途經遺留的數百名華人發展起來的移民城市。或許，沿海地區人民飄浪的命運，才是將我與這座城市的母體聯繫起來的情感紐帶。

於是，在展望塔上的瞭望台中，我透過山頂上斷手的聖保羅之眼，往海的方向望去，在一排排整齊劃一、宛如中產階級社區的紅瓦樓房間，我並未嗅到發展中的銅臭味，而是一種殖民風情的鄉愁。與「雞場街文化村」的活躍觀光地、華人庶民生活的熱鬧區域，呈現出對比的恬靜。這恬靜，亦是與「土生華人」及其衍生的「峇峇娘惹」（Baba Nyonya）文化對比而來。

天空之下的基督堂。白色的十字架、紅色的建築，雖顏色不同，但仍聯想到明信片裡的希臘。這座教堂完全不是海天一色的藍與白那般耀眼，而是更為深沉的磚紅色。但相同的是，這磚紅與希臘的白教堂一樣，襯出天空的藍。同一座紅教堂，也襯出一街之隔，華人雞場街的繁華與熱鬧。這，就算是教堂前掛滿各式馬來裝飾物，以及有著許多馬來人力車夫與眾多的馬來人小販，也無法改變的事實。華人就是有本事將任何城市變為「他們的」城市，昔日停留在這座城市的人們走了，華人依然在此繁榮昌盛。我走過今日仍然有人居住、使用的祖祠、宅院、食肆，及目前做為博物館的大戶人家產業，然後回望著那天空下的紅色教堂。這座殖民城市，如同數度易主的寄居蟹空殼，而這座空殼的主人如今成了華人，並繼承了早已回鄉的鬼魅、荷蘭人版本的馬康多小鎮。

在他們的版本中，這裡叫做「麻六甲」。

Melaka

15,043 km

12,298 km

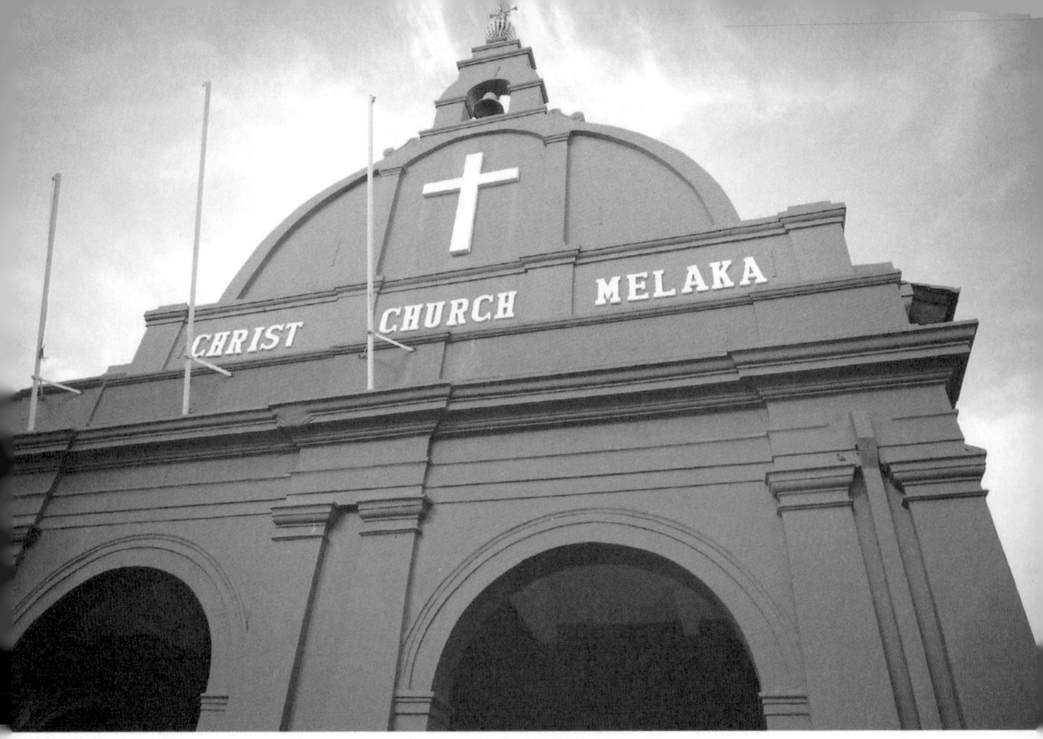

（上圖）麻六甲的天主堂。（下圖）儒釋道三教合一的青雲亭。

國家清真寺，文化多樣性

在吉隆坡，我感受到和自身文化最為不同的事物，是在國家清真寺（Masjid Negara）。

回教徒不拜偶像，所以沒有供品；教徒間不分尊卑，所以沒有椅子。

接近正午的時分，空氣——
燥燙的皮膚聽見了噴泉的水聲，
或坐或走的紫色長袍與頭巾。

月亮與星星整齊地像可愛的小朋友
手牽手排在一起窗戶的裝飾。

除阿拉外，別無其他真神。

在印度教徒佔統治地位的印度，令人讚歎的一座又一座雄偉富麗的古代建築，是蒙兀爾伊斯蘭帝國所留下的遺產；而在東南亞的伊斯蘭大國印尼和馬來西亞，卻反而未見到足以和印度相同規模的伊斯蘭遺跡。是這些事物本身不存在呢？還是，成長於泛佛教文化圈與漢人儒教強勢文化背景的我，看不見那些伊斯蘭文化？在美國時感受到人們對於回教的態度，是十分微妙的，提到與回教、回教徒相關的事物，總是十分小心，不特別強調也不特別迴避，這令我印象深刻的一點，在華人看來卻是輕而易舉。

事實上，與回教世界觀相隔最遠的極端，不會是杭亭頓「文明衝突論」裡的西方世界，而是從來沒興趣瞭解，也認為沒有必要瞭解的我們。

曾聽過某些亞洲人被問起對回教徒看法的回答：「反正那些恐怖份子的目標不是我們就好了。」這樣隱含「回教徒等於恐怖份子」的刻板印象，可真是一種思想上的方便！歐美人重視各種人種、性別、種族及宗教等權利，我們則缺乏相關敏銳度。我們無法理解為什麼世界上有人要信這麼麻煩的宗教，但卻不能質疑，這樣的文化對維持這世界存在所需的多樣性，是十分必要的。

我取閱了幾乎放置在所有國家清真寺中的禮拜所前，有關回教介紹的所有宣傳資料。難以認同大千世界獨尊一味地排他，我寧願認同耶穌、佛陀、老子、濕婆、宙斯，是至高的能量穿上了不同衣服的化身。不然，為何我在所有的宗教之中都感受過一樣的虔誠，一樣的神聖，一樣的寧靜？

國家清真寺內。

香臭混雜，美極的馬來西亞

我在沙巴的「佑記肉骨茶」大快朵頤。跟新加坡省略所有配料，全放進一個陶煲的簡易擺法不一樣，這裡雖只是簡單的肉骨、幾塊濕豆腐、茶，以及另外盛著的一碗肉骨茶湯，還有看來像是方便收拾而放的鐵碗。大費周章盤盤碟碟，但味道還真不賴。這大概就是旅人眼中的所尋求、略微獵奇的「傳統」做法吧。

雖然因為預約不成神山過夜登頂的小屋，而放棄了在沙巴攀登的計畫，但由於訂好的廉航機票無法退票，我還是來到了婆羅洲的沙巴。

在馬來西亞吃東西，很少令我失望。且由於華人文化的深入，馬來西亞食物非常適合我們的脾胃。漫步在亞庇港邊的菜市場，各處散發宰殺活魚的鮮血氣味、路旁串燒散發的炙烤香氣、水果落地後經曝曬而逸出的酸臭味、剛採摘的清新蔬菜氣息……如果生命可以聞得出來，那就是這個了吧？或許，能夠以氣味紛呈的雜亂與活力，設計出一款香水？

曾經痛恨那髒亂和落後，然而，東南亞路邊攤的氣味，是亞洲版的《追憶似水年華》，而氣味如同時空膠囊，在吞嚥的一刻，幼時的記憶湧現，憶起做為路邊攤商販之子成長的本源。

我從來不以身為一名花費節制的背包客而自豪，相反地，我為只花費如此少的代價

（上圖）紅雲之後，便是暴雨，亞庇。（下圖）由百貨公司往外看的海景。

（上圖）吉隆坡的華人區。（下圖）亞庇魚港邊的魚市場。

卻獲得如此巨大的滿足而感到羞赧。我並不認為花最少的錢完成旅行是很了不起的，甚至不願助長此觀念，若我曾以看似誇耀的方式來表現，那只是試著樂在其中而已。

不管跟團或自助，每個人都用自己感到舒服的方式來旅行。別瞧不起跟團的遊客，他們才是真正支撐起當地經濟的人，而不是我們——連紀念品都不買的背包客。如果沒有他們，背包客可能得花三倍費用，才能抵達同一處景點。做為一個背包客，永遠不允許傲慢，永遠應該謙卑。誰說旅程中的便宜旅店應該提供所有你想得到的服務，而且只以不到城市裡五分之一的價格?而以這樣的費用，沒水洗澡或電力不來，還覺得是旅館欠你的……不應該認為這樣的事情是理所當然啊。我稱這些人為「帝國背包客」（Empires Backpacker），因為他們仍然以殖民時代帝國子民的心態，以被殖民國人民的消費水準旅行。在Lucy's Homestay的深夜，我就遇到一個這樣的旅人，他甚至不管那時已是凌晨二點，堅持旅館立刻恢復供水。我心想，是否該建議他去住一晚六十美元的飯店，而不是十美元的民宿?

夜間的大雨和閃電。我在陽台上聽著亞庇的聲音，對比於窗外正下著與我毫不相關的戰爭，昨晚決定放自己一天假的我，好像也經歷過一場戰爭似地。

放假?是啊，假期中的假期。誰說旅行中就不能有休假——不看新的景點、不吃未體驗過的美食、不長途移動、不過度消耗體力、不克制睡到自然醒的欲望。

若說不論預算的長時間旅行本身就是一種奢侈的話，那麼，在旅行中休假，更是奢侈中的奢侈吧。畢竟，不管再怎麼努力，景點永遠是去不完的。在旅行中放假，其實是將疲憊的五感重新打開，沒有這樣的調整動作，如何能再度體驗旅行所帶來的悸動？

不只一次聽到台灣與中國背包客認為馬來西亞「無聊」，畢竟沒有人想花錢去異地旅遊，卻到處看到熟悉的語言和文字。在馬來西亞的大都市裡，華人人口的比例十分高，在經濟上更擁有極大的影響力。在越南，主要做為一種觀光式文化遺產的華文，在大馬，卻是真實地被使用著的。也因此，所有在台灣看得見的設計或招牌，所有你可以想像到最醜陋的運用，這裡都有；與此同時，在台灣已然消失的手繪廣告招牌、手繪廣告竹簾，這裡也看得見。

除此之外，還能在此看見各國文化的絕妙融合：過去曾是某某會館的字樣，今日已被抹去改為修車廠；華洋融合的殖民式建築，變成了魚蛋麵攤；清真寺旁，肉骨茶攤裡有個印度裔小廝；麻六甲俯視市區的斷手聖保羅雕像、吉隆坡巨大清真寺般地鐵站外的高水準塗鴉牆、怡保最常看到的「霹靂」二字（怡保是霹靂州首府，但每次我看到「霹靂」二字都想到布袋戲，然後不禁懷疑這二字對大馬華人會不會太過難寫）……都顯現了無比趣味。若親歷實境，卻還是覺得無聊、無法獲得任何感動，那真是可惜了。

好友看了我在這拍的照片，認為拍出來都不怎麼美。我認同。如果追求夢境般的美景是來大馬的目的，一般都不會太滿意。而如果喜歡這些香臭混雜，看日常粗糙喧囂媚俗之新舊文化如何融合，那麼，大馬，真是美極。

輯肆

奇風之境
盡頭，或源頭？

PLACE OF WONDERER'S WIND：
IN THE END OR THE ORIGIN?

世界的頂峰之下，
是最貧窮的人民。
萬千神佛故事的源頭、
奇幻小說靈感的寶庫。
我想到艾德蒙・希拉里爵士，
與娥蘇拉・勒瑰恩——
他們都從這裡
得到了美好與榮耀的事物。
這是一座奇峰之境，
地理的第三極、
世界的盡頭。

在安娜浦那群峰的環抱下打坐。

I

緊挨著大地，
聆聽風中神祇之耳語

博達拿佛塔。

實在是一波三折。在曼谷機場地板上睡了一夜的我，由於班機延遲，又在曼谷機場旅館住了一天才起飛；抵達孟加拉達卡機場、在長椅上睡了一晚後搭機，卻又因天候狀況不佳而折返。原本前一日的下午該到加德滿都的我，卻在這日的深夜才踏上尼泊爾的土地。這時，約好要在尼泊爾會合的大學好友Eleven，已經等了我將近兩天。

「台灣的一般上班族，一年能騰出十五天國外旅遊的時間已經很了不起了。」這是五年未見的好友所告訴我的第一句話，她接著說：「而你的半年，是上班族十二年的額度。所以，你這個玩了一百八十天的人所失去的兩天，跟每年只有十五天額度的上班族寶貴的兩天，是不一樣的，知道嗎你！」

帕蘇帕提拿火葬場與博達拿佛塔

傳說這座寺廟是在遠古以前毗濕奴以濕婆化身為鹿的鹿角殘骸，成為埋在地底下的靈甘（Lingam）[2]之上所建立的。隨著時間流逝，逐漸被人遺忘，一直到有天一頭母牛潑濺了乳汁於土堆上，靈甘才被當地人發現、挖掘出來，並在原址上蓋了這座供奉「眾獸之主」（Pashupati，即濕婆）的神廟。

2 靈甘（Lingam）也譯為「林伽」，是印度三大主神之一破壞神「濕婆」的象徵，在梵語中為「標誌」的意思，象徵做為造物主的初始力量，最為人所知的是陽具的指涉。

我們在接近正午的高溫下到達，脫下鞋子，行進在神廟群的周邊。沒有朝聖的喜悅，只感覺腳板像是在石板上炙燒著的烤肉，幾乎發出「嘶嘶～」的聲音了。在石板路上艱難行走的我，不若 Eleven 的興高采烈，但可以理解，旅人在長途跋涉後產生的輕微厭倦與無動於衷，尚未在她身上出現。

不是印度教徒無法踏入廟門，但仍能清楚看見，在門裡正對我們的，是在正午的烈日下閃閃發亮、公牛巨大渾圓飽滿肥碩的金色睪丸。鍥而不捨地嘗試由各個角度拍照並逗樂彼此的我們，當時還不知道，日後的地震是如何重創這個本已脆弱的國度，更不知道在地震中碩果僅存的火葬場，是如何擔負起安撫生者的任務。

「難迪」（Nandi）在南印度（尤其泰米爾及泰盧固語）諸語言之中，是「阻路者」的意思。供奉濕婆者，需要先經由難迪的祝福——這也是為何難迪的雕像在此禁止非印度教徒進入吧。比起隨處都有的靈甘（甚至可以到紀念品店購買），身為非印度教徒，沒有阻路者的祝福，是無法到濕婆那兒去的。因此，我們被寬容地允許觀光，卻禁止進入核心場所。

我認為這是好事。這樣的區隔，並不希望因為統治者對外來資源的諂媚而打破，就算我們有多充分的理由進入也一樣。「阻路者」的存在提醒了我們，觀光客帶來了經濟收入以及文化的交流，但即使如此，其權力也不該是無限的。尤其，對於尼泊爾這麼一個因經濟、環境衰弱，尚未被現代文明破壞得太過厲害的地方而言。

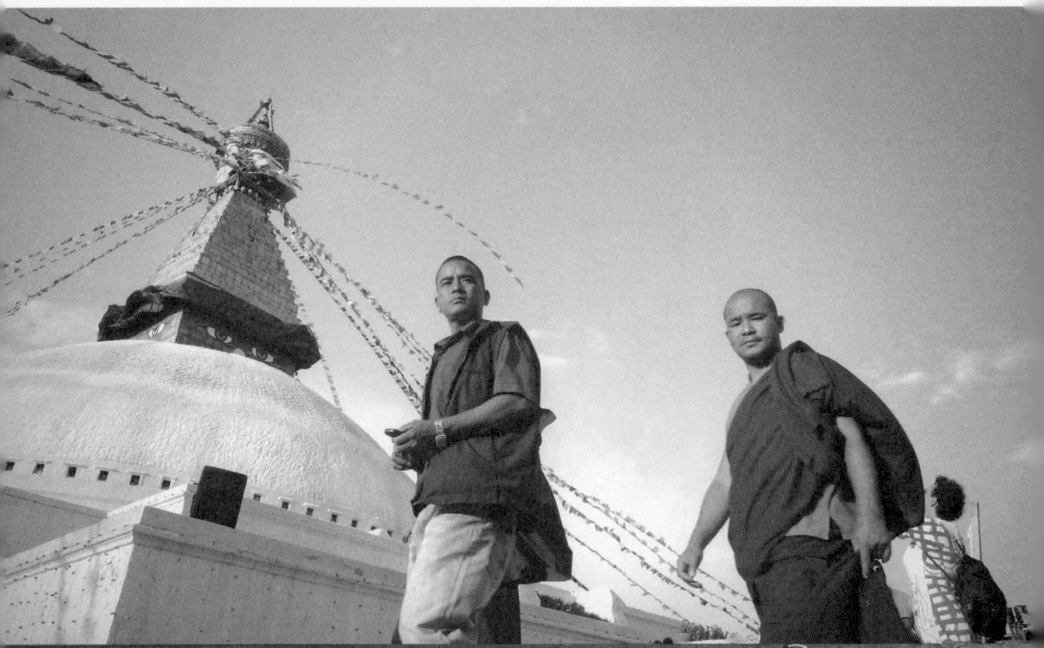

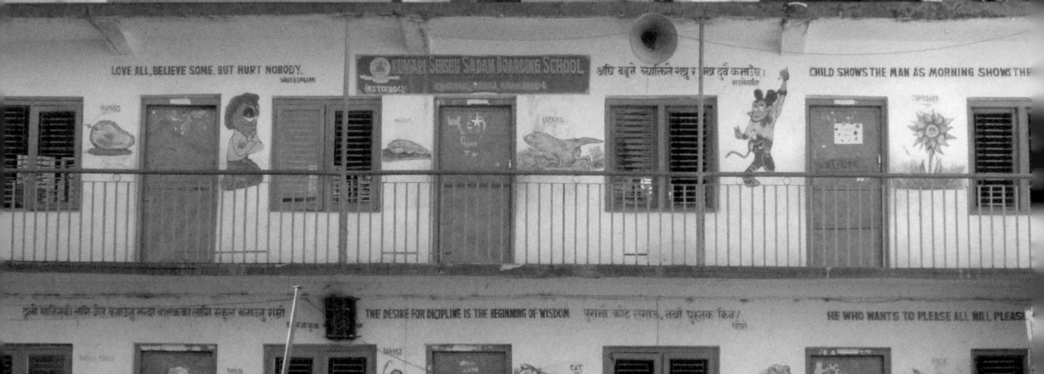

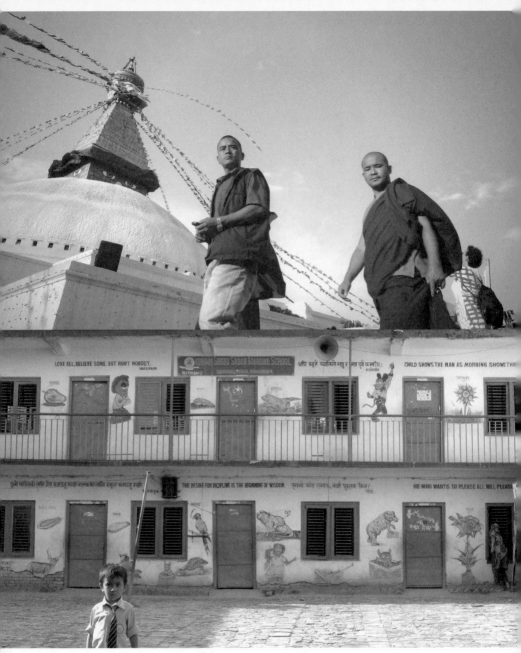

（上圖）佛塔前巡行的僧侶。（下圖）校舍內的小學生。

Kathmandu

15,043 km

13,024 km

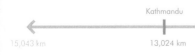

比起印度人來，尼泊爾人似乎較沒有「不可在火葬場拍照」的禁忌。在瓦拉那西時，我沒有拍下任何一張火葬的照片。而在這裡，我見到不少觀光客拿起相機，如同禿鷹般拿起相機獵殺所有「屍體」。這煙氣下模糊不可認的塵埃，在身旁的尼泊爾大學生嚮導，對Eleven堪稱熱情的英語解說背景音之下，讓我想起爺爺下葬之時，一行人走上山坡燒紙房子、紙賓士、紙電視還有紙音響，而後在火燄中所捲起的那道煙塵。

離開尼泊爾最古老、神聖的印度教聖地帕蘇帕提拿火葬場（Pashupatinath Temple）前，我們與沙朵（Sadu，苦行僧）們合照。嚮導告訴我，只要把奉獻的費用交給他們的「大哥」就行了，他們會分配的。

「那麼，表示這些人，不是真的苦行僧，而算是另一種……因應觀光客產生的一種職業？」

「不，他們是真的。我知道對你們而言，像這樣拍照並收取費用的苦行僧們，不是你們所謂在樹洞中修行那般真正的苦行僧，但他們也是貨真價實的修行者。他們不販售，更不是乞丐。你要知道，在這個地方變為觀光區之前，他們就已經在這兒修行了。苦行者一向收取朝聖者的奉獻，只是今日多了觀光客的，如此而已。」雖然驚訝於我提出這麼粗魯的問題，但是他並沒有被激怒。想必在他的眼中，我們看起來也像大學生一般，是因好奇而非惡意提問吧。

想看印度的印度教與西藏的佛教如何無縫接軌，你必須來到尼泊爾。

跨過火葬場背後的山丘，經過途中的市場、民家和學校，穿過道路，進入博達拿佛塔（Bodhnath Temple）窄巷前的牌樓。這裡是尼泊爾最神聖的佛塔之一，亦是此處最大的藏人聚居區域。在尼泊爾最神聖的印度教寺廟和最神聖的佛教寺廟之間，只消幾十分鐘的步行便可抵達。在世界信仰人口最多的四大宗教中，基督教和回教共享一神論，印度教和佛教則分享一個共同的世界觀。佛教的輪迴轉世觀念正是繼承自印度的婆羅門教，而佛陀本身在印度神話中，是守護神毗濕奴（Vishnu）十個化身的其中一個。兩者交織著盤根錯節的關係，在智慧之眼的守護之下水乳交融，就算越過入口欄杆進入佛塔入口前的庭院，也還依然有著供印度教徒供奉的小小神龕。

消逝中的加德滿都黑暗絕景

在塔美爾區的印度餐館品嘗 Tandoori Chicken（在烤爐中烘烤的雞，以優格、香料和檸檬汁佐餐）的我們，對於餐館間歇的停電雖覺有趣，但多少有「也停得太頻繁了吧」的感覺。步出餐館門口，才驚訝地發現，舉目所及並非僅燈光昏暗，而是全然的黑暗。

一出餐館燈光立刻熄滅，月光照耀著路面水塘的反光，是唯一肉眼可見的指引。我們都以為身處黑暗令人心慌，但不時與深灰色的當地人影錯身而過，卻不覺危險。在這樣的停電狀態，才看見月光原來那麼亮，在平靜的街道上令人安心。

「就算有犯罪，也該跟停電一起休息了吧。」Eleven 說。

「是啊。」我回答。

我們爬到 Tibet Guesthouse 旅館的屋頂上，七層的高度已足以俯瞰此生所見最為黑暗的城市夜景。唯有與銀色月光所織出的一道均質薄膜，融合成細微不可見的天然照明，使遠方的山谷輪廓得以隱現。其餘的廣大民居陷入全然黑暗，彷彿在日間所見，忙碌、喧囂的加德滿都街景，在夜晚竟也得以歇息。

欣賞「被迫休息」所帶來的美感，是由進步國家來訪的旅行者們，在黑暗夜景中可體會的積極意義。當然加德滿都的停電「絕景」，不會出現在任何官方導覽及宣傳手冊上，就算是旅遊書，也只會提醒你充電與方便性的問題。

正逐漸消失中的全市停電「問題」，卻是只有今時今日的加德滿都才能提供的「大城市的休息」。對我來

瘋狂而流淚的大象。

說，與曼哈頓夜景截然不同的、另一種無法忘懷的夜景，正是我心中加德滿都十景之首。

奇旺，與動物重建關係的期望之徑

清早從加德滿都出發，剛過中午便抵達最接近奇旺國家公園的客運站。對於這裡，Eleven 和我可是期望好久了！在車站急欲招攬遊客住宿、提供旅行團的業者中，我們選擇唯一穿著制服、名為 Tiger Camp 的住宿嚮導團。完成入住手續、選擇行程後，下午立即出發探訪周邊野外生態，一點也不浪費時間。

當我向 Eleven 提議在旅程中前往大象養育中心時，她的眼神便開始發亮，心中充滿期待。我喜歡與真心熱愛某種事物的人一起同行，藉由他們的眼睛，讓我看見事物表象之下更深層的意義。Eleven 就是個對動物抱有如同朋友般喜愛之心的人，當她在大象養育中心一看到被綁住的大象，眼淚就流了下來：「怎麼可以綁住牠們

坐上了由樹幹刨成的圓底獨木舟，順著河流前行，尋找犀牛的蹤跡。。

呢？太可憐了！」

「那些不得不在腳上綁著鐵鏈的，是因年老而瘋狂的大象。牠們眼中的淚水，其實是瘋狂的證明。」我們的嚮導克里希納（Krishna）回答。

靜靜地看著眼前的景象，Eleven 低語：「好想當個象夫，和大象們在一起啊。」

第二天的叢林健行，由我們所住的 Sauraha 小鎮，渡河後就是「皇家奇旺國家公園」（Royal Chitwan National Park）的領域。慣常被念做奇旺的「Chitwan」，其實在當地的發音比較接近「奇團」。坐上了由樹幹刨成的圓底獨木舟，我們順著河流前行，尋找犀牛的蹤跡。

出發前，我們對於是否能親眼見到犀牛，有著微微的焦慮，即使克里希納笑著告訴我們「看不到的機率是很低的」，我們仍害怕一無所獲，甚至在談笑間也不敢放下手上的相機。直到出發後三十分鐘，就看到第一隻犀牛懶洋洋地從乾季末的水中往岸上行進，我們才有了真實的興奮感。

一下吉普車，我迅速攀上斜倚的樹枝，慢我一步的 Eleven 只能在與她齊高的草叢中，與同行的遊客向著克里希納所指示的方向慢慢前進。這是我們和犀牛距離最近的一次，我不知道牠們在現實中竟如此巨大，而與鈍重的外表相反，犀牛並不是溫和的生物，奔跑時的時速甚至達四十公里。

在河上移行，是探訪奇旺國家公園的固定行程。

也就是說，若是這大傢伙猛力狂奔，要追上吉普車也不是辦不到。

好像聽見我所想似的，這大傢伙和我四目相望，似乎想過來。開始時像是試探般地緩慢，彷彿逐漸加壓、提升速度前的前奏。站在地上的 Eleven 似乎忘卻了危險，在按下快門的那一刻，嚮導大喊：「快跑！」她方才回神，隨著潰散的遊客奔回到高處，繼續觀察。

現在，大傢伙又回頭看著攀在樹枝上、靜止不動的我。牠想過來，而有那麼一瞬，我也如此期望。與動物間陷於緊張關係帶來的張力，激發腎上腺素分泌，帶來幾近戀愛般的張力。我想起在電影《灰熊人》（*Grizzly Man*）中，迷戀灰熊、深信自己能與其心靈交流免於被攻擊的男主角，在德國導演韋納荷索（Werner Horzog）冷靜的旁白中，仍然被灰熊攻擊至死。即便是幾近安全的觀光活動，然而消除那文明的層層柵欄，便足以使我們陷入一場追逐：近似於戀愛般的搜索、等待、四目交錯、彼此吸引，然後獵殺——以鏡頭。

這座曾經的皇家獵場，在今日藉由觀光的名義，成為我們與動物們重建關係以重返野性的路徑之一。

泡水的犀牛

雜貨店小女孩的浪漫插曲

在我們所住的「Tiger Camp」樓下，有一間印度人開的小雜貨店，擺滿了各種紀念品——T恤、犀牛擺飾、各式零食汽水冰淇淋。靦腆老闆娘的小女兒十分活潑，不時纏著我們問各種問題，晚間後的雜貨店採買，不知怎地變成了小姑娘的晚間功課複習。

「『Election』這個單字是什麼意思？」

「Election（選舉），就是大家從很多人裡，挑人出來，解決國家的問題。」我回答。

「那這個女人是誰？」她指著《印度時報》（*Time of India*）國際版照片裡的女人問我。

「那是翁山蘇姬，緬甸國會議員，她領導緬甸的民主運動，很有名喔。」

「她為什麼有名？還有，緬甸在哪裡，你去過嗎？」

「因為她讓世界注意到緬甸這個國家。去過啊，那裡很漂亮。」

「她當選了嗎？」「當選啦。」「那緬甸人富有嗎？」「不富有。」「跟我們比較呢？」「嗯……兩邊給我選的話，我想我要住在這裡。」「真的？」「真的。」

小女孩笑了。在問了我十五個單字和二十五個問題之後，她告訴我她要當醫生。讓我想起另一個想當醫生的女孩。對，在她手指那個女人所屬國家的另一個觀光區，也有個年紀相仿的小女孩，在向觀光客兜售明信片的同時，也默默地將當醫生的夢想寄託在隨身的作業本裡。但是，緬甸即將迎來國家的黎明，而尼泊爾距離接下繁榮發展的棒子，卻不知道還要等多久。雖對觀光客來說，這裡暫時可以繼續保留它的美，但小姑娘的未來又該如何呢？

隔天傍晚，我在旅館餐廳的二樓眺望夕陽、等候開飯時，小姑娘又出現了。是從側門偷溜進來的吧？這次，換我問她一些尼泊爾辭彙了。我開玩笑地問她「我愛妳」怎麼說。

「我們尼泊爾人可不會隨便說出這樣的話。」她正色道。

尼泊爾人不說「我愛妳」？我可不信。突然，她像是發覺了些什麼，一副「喔～原來如此」的表情看著我。

「幹嘛？」我問。她從餐桌上拔下一朵鮮花遞過來，教我一串發音，我照念了。「這句是什麼意思？」她一面回答一面吃吃地笑。

哦，我想她是會錯意了，我跟 Eleven 完全不是那種關係。但相約旅行的一男一女總是會被誤會的吧……某方面來說，這種保護傘也挺方便的。於是我按照小姑娘的指示，拿著玫瑰花單膝跪地做出求婚動作。

「這是幹嘛？」Eleven 問我。

「她可能誤會了，配合一下吧。」我用中文說。

女孩歪著頭問：「你忘了要說什麼了嗎？」嘿，小姑娘，妳太認真了吧？

Chitwan

15,043 km

13,109 km

「好吧。」我說了她教我的一長串，對著我的哥兒們「求婚」。

Eleven 笑容燦爛地收下了：「唉，要不是看在天真小姑娘的份上，你也知道我最想做的，就是在收下玫瑰花後，一邊笑著一邊『手滑了一下』，然後『不小心地』踐踏了玫瑰花，冰冷地對你說『你這髒鬼想都別想』。」

我大笑。「這就是為什麼我愛妳，兄弟。」雖然跟小女孩所期望的那種愛不同，但由這女孩的純真所生出的小插曲頗令人愉快。

倫比尼，殺價的果報

佛陀出生的那塊方寸之地，其上覆蓋的玻璃罩散落著世界各國的錢幣。並未如我想像中那般香客絡繹不絕，在菩提樹下與經幡林中，唯有零星的觀光客者。試著在千年的菩提樹下午睡，卻因螞蟻大軍襲擊而不得不起身；試圖在一片經幡之海中散步，卻總是想拿出相機取景拍攝。

Eleven 和我在六月的熱天午後抵達倫比尼（Lumbini）。在公車站看見為了六十尼泊爾盧比（約二十一台幣）與人力車夫不斷周旋議價的年輕背包客，我微笑著，好像看到在印度時的自己。我對 Eleven 說，我們先走出車站，等他們追上來。「喔，好啊。」

Eleven 看來有點累，不太想在這種價格問題上慢慢耗，所以她聽我的。果然，在我們步出車站大約五十公尺時，人力車夫出現了，把一百五十盧比殺到六十盧比後，我們坐上了人力車，又熱又累又渴。

多付那九十盧比有差嗎？Eleven 的表情明顯告訴我這點。「其實，我覺得，你殺得這麼兇……」Eleven 果然發話了。

我明白她的意思：「妳覺得，尼泊爾人這麼窮又這麼善良，還被殺價殺這麼兇，很可憐？」她點點頭，我回答：「但對於背包客而言，這才是合理價格。」

「我只是覺得，可以稍微不要殺得那麼兇，人家在烈日下踩腳踏車踩得快死了，才這麼一點錢。」

「我明白。可是，省錢是背包客的『最高指導原則』啊。若知道能夠殺到六十，怎麼可能會說『哪，這裡是一百盧比？』，違反人性嘛。更何況，既然他會接受，代表一定還是有賺頭。不管怎麼說，他都有生意做，談不上我『欺負』他們。那只是妳的感覺，我在印度時……」

我正要滔滔不絕談起在印度的議價經驗時，Eleven 冷冰冰地補了一句：「你知道嗎？你現在所說的，跟台灣那些讓員工領兩萬二，又讓員工加班到死的老闆所說的話是一樣的。我看啊，你不只長得髒，連心都是髒的。」

真毒舌，但我挺得住。「不，我跟那些老闆不一樣。」

「有什麼不一樣？」

「這些老闆出國旅行時都超大方的，哪會像我為了幾十盧比在這裡跟窮人摳門？」Eleven 笑了。「也是。你啊，實在太寒酸了。想剝削，你還有得學呢。」

「是啊，若我當老闆，應該會請一百個兩萬二的員工，一有人提加薪就馬上開除，不肯上班打卡制、下班責任制的人也馬上換掉。我要教育他們：『想想尼泊爾的車夫，若是他們有你的機會，肯定感動到痛哭流涕！』幸虧我不是雇主，我只是個旅人。」我笑著回答，其中不無反諷之意。

不知是否殺價的果報降臨，我們找到一家《寂寞星球》推薦的背包客棧，在幾近中暑的狀態下，接受了飄滿殺蟲劑氣味、只提供冷水的房間。我看看虛弱的 Eleven，心想，再怎麼差，我們也沒力氣再找一家了。但夜間的停電、無法關閉的蓮蓬頭、房門口整夜轟隆隆的發電機馬達運轉聲，以及該死的攝氏四十度——這真是果報啊！不停想著「如果當初多花點錢、省下周旋的時間，多些時間找旅館不就好了」的我，在疲憊與後悔下翻來覆去，在聖地度過了旅行以來最難熬的夜晚。

不愧是佛陀出生的聖地，連因果業報的來臨都如此快速啊。

殺生。在這裡，沒有白白浪費的生命。

仁慈的殺戮？

若是要想像波卡拉（Pokhara）是個寧靜的小山村，而且村裡聚集了各國嬉皮，對淡季的波卡拉來說就言過其實了。雨季即將開始，已邁入淡季的波卡拉，所有人在午後望著遠雨，懶洋洋地聽著雨聲。就連零星的背包客們也推遲了計畫，或乾脆等待九月的最佳入山時機。我們到了市郊的小山莎朗闊（Sarangkot），仍無法看見被雨季的空霧所遮蔽的雪山。所以，雪山的出席率，似乎也邁入淡季了嗎？

「誒，我說啊，是不是應該去健行了？」Eleven 問我。

「是啊，走吧。既然雪山給我放假去了，我們就去她家堵她吧。」我說。

第二天我們就上山了。一進入健行入口的小鎮，就看到宰殺動物的畫面。他們用繩子縛住羊頭，一人抓緊羊頭保持筆直，二人固定住羊身，一人站在中間，握住呈弧型凹陷的大型廓爾喀彎刀。手起刀落，如同利刃劃過絲綢的「唰」一聲，羊頭已落下。Eleven 淚流不止，而我還意會不過來，只能呆呆看著羊頭上的喉管及骨頭，爽利的切口，肌肉的血色。你以為血會像電影裡一樣大量噴出，但其實一點也不那麼刺激。心中重複那一句喬瑟夫．坎伯（Joseph Campbell）在《神話的力量》（*Power of Myth*）書中所提到的：

「生命是靠吞食其他生命而存在。」

這就是殺生的意義。在這裡，沒有憑空出現的麥克炸雞，沒有白白浪費的生命。在我們成長的世界中，食物似乎不過是以超市中肉塊的形式存在。除了屠夫外，沒有人親眼看過殺生。這也是為什麼親眼看到殺羊的我們，會有如此大的震撼。

我們，竟然與供養我們的生命們距離如此遙遠。

相對於一刀斷頭，割掉喉管放血的方式也許看起來比較不恐怖，但仔細想想，反倒是看來恐怖的比較仁慈（雖說殺戮即殺戮，不可能有所謂「仁慈的殺戮」）。但若觀看者的心靈被一瞬的殘忍所震懾，未來或許會產生對於生命及關聯事物的慈悲也未可知。

我們是否對於「生命本質即為殘忍」的認知太過疏離，以致於對工業化殺戮的潔淨習以為常？而為了實行「潔淨」所帶來的痲木感，是否其實遠比殺戮本身更加殘忍？

山中的四日健行

由我住的旅館 Hill Top 和普恩山（Poon Hill, 3192m），都可以看到安娜浦那南峰（Annapurna South, 7290m）、安娜浦那主峰（或一號峰，Annapurna I, 8091m）、道拉吉里峰（Dhaulagiri Peak, 8167m）、魚尾峰（Machapuchre, 6993m）……等被冰雪覆蓋的白色山頭。在普恩山頂觀看日出，尤其是本次健行的高潮所在。

僅僅四天的健行路線，只佔了安娜浦那環線的一小部分，但也足夠令人回味無窮了。群峰如同白色的女神們，在翠綠色的群山間赫然升起。有旅行者面對群山打坐，彷若回應他們般，魚尾峰在日出的逆光中生出了二層疊影，變成了雙魚尾，如同藏傳佛教八項聖物中的金魚化現。連我們的登山嚮導也說，他沒見過這樣的「Double Fish Tail」。此時被這幸運之光所照耀著的我們，絕不會想像到幾個鐘頭之後，會陷於對水蛭的恐懼，而沒命地向前狂奔。

真不敢相信，長這麼大的我們，竟不曾親眼看過水蛭！我以為，水蛭是跟蚯蚓長得

（上圖）戰士之村。（下圖）普恩山是安娜浦那群峰的最佳觀測點之一。

差不多的可愛生物，只是會吸點小血以求生存。但當我用衛生紙捏起緊貼小腿的紅色細長物體時，看著這小魔獸的吸口前端呈現的猙獰面貌，還有那扭來扭去探測血腥味的狡詐，我想到瑞士插畫家 H.R.Giger 如何研究這些生物的造型，以做為《異形》系列（*Alien Series*）的發想。而任憑我再怎麼使勁地捏，這傢伙的「血盆小口」仍不放棄。一直到導遊庫瑪把還未嚼過的當地生菸草放到水蛭的頭上，這小怪物才安靜了下來。

「牠們只怕這個，」他說，然後補了一句：「不然就是要等牠吸飽之後，直接踩爆牠！」雖然聽起來很有快感，可是 Eleven 跟我一點都沒有想嘗試的意思。為了逃離這捏不死也甩不掉的水蛭，我們試圖以雨中奔跑所產生的離心力，阻止水蛭沿著鞋套褲管往上攀爬的企圖。這樣的急迫與慌亂，使我們提前脫離了有如地獄般的泥土路，踏上了水蛭難以企及的石板路。

由山村 Ghonipani 往 Ghandruk 的路上，是沿著石板路鋪成的長長下坡路，在午後的雷雨之下，我們往右手邊看去，「戰士之村（Old Gunung）到了。」嚮導庫瑪說。抵達這個小山村時，我們就帶著濕透的雨衣和滿褲管的水蛭。

Gunung 這個姓氏在尼泊爾語的意思為「戰士」，也就是廓爾喀人（Gurkha）的意思。十九世紀時，這裡出產最強悍的英國雇傭兵。在這個所有人都姓 Gunung 的小村裡，仍然保留了最傳統的尼國建築樣式——石板屋，而老人的衣著及豪邁的招呼聲也一派地閒適，具有古風。

在這裡，我彷彿看見了曾在福克蘭戰役中大顯身手的前雇傭兵「廓爾喀旅」，山岳戰領域的地球最強部隊之一。當時英軍每年固定從尼泊爾山區中挑選體能、耐力與反應力佳的十七歲半少年服役，即使薪水和升遷機會遠遠低於同年紀的英國公民，但其收入還是高出家鄉的生活水平，更別說回國後所受到的尊榮和敬畏。而這小村所出產的戰士，一個多世紀以來在不知名的山嶽、叢林、海島等地，腰間掛著克胡利（Khukuri，即「廓爾喀彎刀」）近身肉搏，為著他國而戰。當時握著克胡利斬殺敵人的戰士們，心裡是否同時思念，被安娜浦那群山包圍的石板頂，他們的心靈原鄉？

阿婆之城們，坎提普爾、巴克塔布和帕坦

我們在名為「坎提路」（Kantipath）的街道上走著。加德滿都，亦稱坎提普爾（Kantipur），這座以吉祥天女（Laksmi，印度教守護神毗濕奴的妻子）別稱為名的城市，

在千年以前肯定是個美女。如今，以「美女」（Kanti）為名的這城市，已從一位散發著春日嫩葉般清新的美人，變成了老阿婆。我跟 Eleven 說出我的看法，她告訴我：

「不只一位，有三位。」

「啊？」

「雖沒有 Kanti- 字首在前，但帕坦和巴克塔布也曾是風華絕代的美人喔。」

「所以，希臘神話中有三美神，在亞洲有曾經美麗的三阿婆。」我說。

「你不覺得這很美嗎，幹嘛阿婆、阿婆地叫人家？」

「我也覺得阿婆很美，不然我怎麼會自稱『遺跡獵人』呢？」

這座群山包圍的高原谷地中，距離相近的三座「阿婆」級城市，坎提普爾、巴克塔布和帕坦。就算不從建城之日開始算起，也至少有八、九百年的歷史了。古城的狀態，介於年久失修跟修繕良好之間。比起周圍的當地人群——販賣各式蔬菜的市場小販、掮客、信徒、古城外圍的司機、

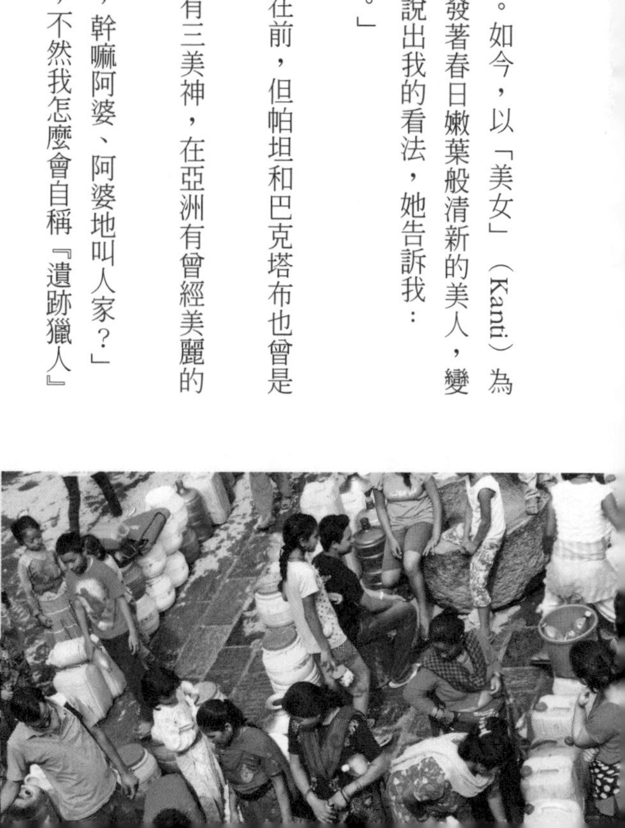

穿著藍色制服的學生——淡季觀光客的數量顯得微不足道。一整座紅色磚石的城市，有著幾乎是嵌入式的木造窗框，其上是以印度教神話諸神裝飾的木雕樑柱、擔任守門的各式動物石雕，以及反射著烈日閃閃發光的黃銅鑲頂。這是三位阿婆為尼泊爾共同守護的，肉眼顯見的古老傳統。

其中，巴克塔布是得花上整天才能走完的古城鎮複合體。在三座古城中最大，遊客最少，當地人的生活況味也最濃。不只是距離較遠的關係，需要整整一天才能逛完的規模和最貴的門票（一千一百盧比，約三八〇台幣），都阻擋了部分外來觀光客的腳步，留下了一部分常民生活的痕跡。

帕坦大小適中，最為精緻，看起來保護也最完善。最初以達摩—查克拉（Dharma-Chakra，意為法輪）形狀所設計的這座城市，其位於四方邊緣的佛塔被稱為「阿育王佛塔」（Asoka Stupa）。但其內的建築卻全是印度教的，我想不會再有其他地方，比此處的佛教和印度教相處得更為和諧了吧？像是與其呼應般，當地人們提著鮮艷色彩的水桶，排隊在久遠前由黃銅獸類裝飾的的古代出水口前取水，在旁的孩童們，則笑鬧著打起水仗來了。

加德滿都的古城區杜巴廣場最小，看來也最混亂。喪失了其他兩個古城的悠閒，廣場內的市集，有著不計其數的牛（還有牛糞）和鴿子（還有鴿糞），以及在大黑天（Kal Bhairav）神像前溢滿的朝拜者。

這幾座可知幾乎是最早（一九七九年）被認可為世界遺產的偉大城市，像是熟知最後一種語言的老人，而在陽光下老朽、陳舊卻閃亮的建築群，在我看來，卻像是吉祥天女在雨季來臨之際的炎夏裡，最後一次褪去的蟬殼般，充滿了曾經的掙扎與歷史的遺留，如今只剩下空無。

「現在，你去不成西藏了。接下來呢？」Eleven 在回台灣的前一天問我。

西藏。我此行最為期待的一個地方，由於中國再度封閉邊界而無法成行。不，即使中國不封鎖邊界，結果也是一樣的。因為從紐約出發的我，身上並無台胞證，而必須同國籍四人成團的規定，使得我必須找到三個跟我一樣的台灣旅客。到哪裡去找欲入西藏卻沒有先辦好台胞證的台灣人？又到哪裡去找明明從西藏入尼泊爾會方便許多，卻從尼泊爾入西藏的台灣人呢？

「我想想，那就去健行吧。」

「你要再回波卡拉嗎？」

「不。我覺得，我需要一個更指標性、更明確，可稱之為挑戰的地點，為這次的旅行劃下完美的句點。決定了，我要去聖母峰基地營（Everest Base Camp, EBC）。」

「靠，好讚喔！好想去……不，你去幫我探探路好了。誒，但你要活著回來喔。」Eleven 說。

「登基地營又不是攻頂，我當然會活著回來啊。」我說。

Kathmandu
15,043 km
13,546 km

Ⅱ

EBC，聖母峰基地營

南崎巴札．3440m

空中小姐發給每人一顆糖果和一塊棉花。起初不解其意，直到看到其他人熟練地把棉花塞進耳朵，這才明白是要隔絕螺旋槳飛機的巨大引擎聲。

飛機在巨大的溪谷上方突然熄了火沒了動力，那一瞬間我們好似漂浮、靜止在河谷上空，在離山岳近得好似雙腳跨過門檻那樣的距離，以及完全熄火只靠餘速滑行那令人不安的寧靜，與數千公尺以上的群山包圍之中，像是動作電影場景中的一瞬間靜止。正當我超現實地靜默於群山間時，突然看見窗戶外的起落架放下來了，而我們明明還在溪谷正上方。

「什麼鬼，不要說機場，除了佛塔根本沒看到任何人造建物啊。」我心想。正在擔驚受怕的同時，飛機已緩緩滑進那唯一一條，窄窄短短，隱藏在群山和農居、山中住宿小屋間的停機坪。

魯卡拉（Lukla）到了。

山中孤村，與世隔絕的祕境

從魯卡拉走了兩天之後，我們來到登山客的麥加——南崎巴札(Namche Bazaar, 3440m)，步行途中還被低空飛行的烏鴉打到頭。

在一口氣上升了八百公尺之後，輕微的高山反應開始發作。

這裡是國際登山者的首都，從登山裝備到書籍地圖皆有提供，甚至是世上少數幾個能在三千公尺上使用 Wifi 的地方。但其收費（一小時約三百盧比，約一〇五台幣）對背包客來說，則是不可承受之重。

海拔較低處入口的佛眼，與位於村莊制高處的經院，共同照看著這座雪巴人的最大城市。村鎮沿著馬蹄形分布，由各處都可望見對面的群山。在雨季的開端進入這座城鎮，旅館泰半關門歇息，只剩下極少的健行者散布在僅剩的幾家中。與旺季時近萬的健行客擠在狹窄山徑與旅館爆滿的景象不同，淡季的現在，孩童在路旁玩耍，人們懶洋洋地坐在半打烊的店門外聊天，到處都可聽見工人敲打石塊，維修因經年行走而損毀的石板路。

被雲霧和看不見頂端的山巒所包圍的這座山村，大半的經濟收入是依賴各國健行者所貢獻。發達的觀光收入及其危險性同時並存——畢竟這裡並不是適合全家出遊的觀光勝地，時不時更會在商店門口和官方檢查點門口看到失蹤者的佈告。由於看來觀光機能一應俱全，容易使人忘了這裡其實與世隔絕。

想要來到這裡，只能從加德滿都出發，選擇搭飛機前往魯卡拉（取消航班或延誤是常態），然後再花整整二天走路；或者從加德滿都搭車到 Jiri（離魯卡拉最近的小鎮），花上八天徒步至此（不算迷路、意外或道路坍方的話）。

即便如此，來到這裡之後方才領悟，世界上已經沒有什麼能真的與世隔絕了。並非僅僅是全球化與網路科技，而是當我身處實境時，越往前一步，祕境的奧義便一道道地被經驗的鑰匙所打開了——於是對我而言，祕境再也不是祕境。旅行是個人化的經驗，無法被網路、全球化、航空技術、經濟發展，以及令我最為讚嘆的Google Map（連街景都一清二楚！）所替代。且讓我試著改寫其定義——「祕境」，不過就是「你沒去過的地方」。

要命的高山反應

昨晚已在睡夢中因呼吸困難而醒來。今日一早，再次一口氣上升了六百公尺，來到丁波切（Dingboche, 4410m）。

對於所有初次在這條路線健行的人來說，最艱難的部分並不在於路途的遙遠，不是對於體能的高度要求，更不是對於登山技巧和知識的熟稔。最大的挑戰，是你不得不時時意識到其存在卻又看不見、摸不著、無法預測的惡魔——嚴重的「高山反應」（AMS, Acute Mountain Sickness），不斷出現微微頭部鈍痛，就是其先兆。為了盡可能減少高山反應的不適，我必須對於身體保持極度的敏感，因為每一個極小的身體不適，都可能演變為強烈的高山反應，諸如頭暈、疲勞、呼吸困難、排便不順、風寒、感冒等，這些徵狀都須在重複的健行中微調並排除，並留意各種熱量消耗與補給（包括保暖與水分），

與針對烈日、強風、豪雨的各種因應，在所有達到了平衡後，才能專心地進行最為單調而重複的，雙腳交替向前跨步的動作。

但就算如此，隨著海拔升高，連「重複」本身也構成挑戰：空氣中氧

Gorak Shep, 5180m

索魯昆布河谷地區有人住居的最高海拔之處，通往最佳觀看點卡拉波特（Kala Patthar）和基地營，都由此出發。在毫無遮蔽的烈日照耀之下，幾乎近在眼前的壯麗雪山戴上了王冠般的白雲，而青空下的漠土荒原一絲陰影也無。

印象中在國家地理頻道的系列影片《世界盡頭的光明》（*The Light of Edge in the World series by Wade Davis*）中曾提到「在超過海拔五千公尺的地方，生命繁衍將變得極不可能」，即使成功受精，胎兒也極有可能死產。在夏季，雪線也許會退到五千五百公尺甚至六千公尺，但就算現在五千公尺仍未見雪，也很難有生物能承受一年超過八個月被冰雪覆蓋，且空氣極為稀薄的環境吧？

在五一八〇公尺的 Gorak Shep 過夜，是極為痛苦的事。拖著疲憊的身體在睡了三個小時後，因缺氧而醒來，然後開始持續快速地、像溺水者般的急促呼吸。在半小時的急促呼吸、半小時不安穩的入眠間交錯，直到起床動身前往卡拉波特。

Dhukla, 4620m

自然，在高山上的餐旅小屋之內，也會看見各國登山隊留下的旗幟和留言。在這裡看到台灣的語言，感覺既親切又溫暖。不過當然毫不意外地，也會看到「台灣是中華人民共和國不可分割的一部分」這類的句子。我並不激進，但還是得承認在看到這些句子的同時，心下不快。見鬼，讓政治歸政治，健行歸健行不好嗎？

以極近距離觀看八千公尺以上的群山。

氣濃度降低，使肺臟得用盡全力才能將氧氣榨到紅血球裡——而氧氣濃度根本就像是乾枯橘子皮中的水分，什麼也榨不出了。

這樣的歷程無法使我證明自己有多強壯，正好相反，我對於這虛弱到連吃飯呼吸都得全力以赴的肉體感到震懾。此時，周遭向河谷兩旁高起、由礫石和低矮灌木構成的岩山，以及後方高聳的雪山，似乎證明了這一點——在四千多公尺的高原之上，已難有生命翻身的空間了。

然而，再看看取水灌溉的田地、水道旁盛開的花朵，以及錯落的住宿小屋和雪巴民家，在佛眼注視下，我感到虛弱的高山症狀逐漸褪去，就連黏附在窗戶上揮之不去的蒼蠅，竟也說明了生命的喜悅跟強韌。

Dingboche 4410 m

15,043 km　　13,582 km

青空下的漠土荒原，與我的雪巴嚮導

這位登山嚮導外表給我的感覺，像是亞洲版本的歐巴馬。

獨自旅行已近半年的我，顯得有些世故、防備及冷淡，在表面的客套之下，懶得寒暄，寡言。我看來就是一個難搞的傢伙。但在相關細節都談定之後，我就很少對之後的安排有什麼意見，這使我們的言語交流更少了。大部分的時間，就是我跟著嚮導的腳步，無言地走著。

在長時間的沉默之中，我逐漸發現，原來他也不是喜歡說話的人。他的神態看來有些鬱鬱寡歡，在等著我跟上腳步的同時，或看著手機，或聽著音樂。我們很少交談，在吃飯或休息時，他會拿起過往旅人所留下的書或雜誌來翻閱，似乎對尼泊爾以外的世界有些許期待。

在察覺這點之後，我們之間突然有了一種巧妙的連結。看似話不投機的尷尬，反而成了我們都期待的靜默。

在天與地之間，沉默才是對大自然最好的禮讚。最初我希望找人共同雇用嚮導，除了分擔費用之外，還有

雪巴嚮導和他的妻子。

分擔跟嚮導說話的責任（雖然增加了與分擔費用者說話的責任）。一般而言，在這種時刻，還是靜靜地享受大自然而不用多說話，是最好的吧。

與在波卡拉時所雇用的嚮導庫瑪完全不同類型，他看來並不十分喜歡他的工作，即使在工作中，也留意著生活的重擔、個人的興趣與內心世界。相較於其他雪巴人的優異英文水平也恰證明了這一點：他是個喜歡學習，卻無法逃離自然之美的雪巴子民。

我很高興能在這裡遇見這樣的嚮導。為了共通的內向性，我得以更專注地走路、看風景、拍照——除了他不時佇足在我想拍攝的美麗景色之中沉思，不欲離開。

由羅布切（Lobuche, 4910m）到 Gorak Shep 的路上，不時可見到被落石所阻斷的路面、亂石堆之間的激流，以及遠方冰川與土石塌陷交錯發出的聲響。當對於雨季健行所帶來的危險化為肉眼可見之時，恐懼的心態會轉為「無暇感到恐懼」而必須專注的心智澄澈，在緊繃和保持輕鬆之間持續微調。

在過了最驚險的激流區，往山丘緩行之時，我發現手機不見了——算了吧，現在回去，大概也找不回來，更何況才剛經過那麼驚險的路途——這是我的第一個想法。

但回想一下，我只有在經過紀念死者的石堆前有用手機拍照，如果現在回去找，找到的機會應該很高。我必須靠手機來聯繫，而且裡頭實在有太多重要的資料，還是得冒點險回去找找看。

我告訴登山嚮導，請他先直接回到那處幫我尋找（他腳程比我快多了），我也回頭

由卡拉波特觀測，被雲遮住的是聖母峰，往下方望去就是基地營。

一邊走一邊搜索路面，看有沒可能掉在半途。就在我差點迷失在分不清東南西北的山谷中時，嚮導舉著手機向我走來——果然就是掉在那個地方！雖然多花了雙倍小費、一個半小時再次越過驚險路面，還是值得。

廣袤星辰下的卡拉波特，與碎裂冰川底的基地營

薩加瑪塔（Sagarmatha），在尼泊爾語中意為「天空之女神」。所以我知道，薩加瑪塔這個名字，並不僅僅是一個，在國家公園入山處繳付一千盧比所支付的對象頭銜，而是在西藏被稱為「珠穆朗瑪」的

雪山女神。三點出門，天空中雖然沒有女神，卻見到了滿天的星空。數千億星星所發出的光芒，似乎像一層霧狀的銀粉薄薄地鋪在地表之上。在這個不見生物蹤跡的高原上，不時聽見的牛和馬的叫聲，便是登山途中的背景音樂。

在細碎的砂礫與大片的板狀岩石上跳躍，不時留意著周圍堆起的數百石堆，和腳下凝結於岩石周圍的霜冰。我呼吸得像個溺水的泳者，但不知怎麼撐過來的，等我回過神來，已經抵達了終點——海拔五五四五公尺的卡拉波特，尼泊爾境內不須登頂就能觀看天空之女神的最佳位置。

女神很羞澀，雖然在路上已見到她探頭，到了她家門口卻又把雲朵當做布幔般遮住臉孔。周圍的雪山像是周星馳電影《唐伯虎點秋香》中，美貌婢女們對秋香的重重護衛，而我像是不得其門而入的唐伯虎，在寒風中沿著因冰雪而濕滑的石頭，發抖著爬上卡拉波特，同時又看著腳下數百公尺的冰河、地面與深湖……膽戰心驚地望向薩加瑪塔巨大而美麗的身影，等待她把帷幕掀開，露出臉孔的那一瞬間。

剛剛還害怕著不敢登上最高點，一旦鼓起勇氣站在此處，卻能大膽地為了拍照，無視周圍濕滑陡峭的岩石、以百公尺為單位起跳的深谷，自在穿梭移動。

人生中的關卡，也總是以如此方式運作著吧？看起來覺得艱難、令人想退縮的事物，一旦攀越過那條界限過後，就變得一點也不感覺困難了。雖不能說有如天啟，但在平庸而卑微的日常生活之中並沒有多少機會，能夠在一瞬間便感覺到自己突破了某個點吧？那是一種平靜的興奮。

正當我沉醉在平靜的氛圍之中，嚮導做了個扭頭的動作，於是我往他的背後看去。啊，「秋香」現身了。聖母峰頂看來並不陡峭，還很和緩。短時間散去的雲霧，就像自然對渺小的我所釋出的善意。而同一刻，整晚讓我痛苦到想要放棄的高山症狀所引發的頭痛，也止息了。一切都如此完美。或許所有完成任務的登山者們都跟我一樣，接收到了這完美一刻所給予的教導。今後他們將記著這時刻，而後在人生中不斷演練，直至將類似這成功的經驗凝聚起來，在那他們所稱的「甜蜜點」（Sweet Point）上再次重現。

聖母峰基地營（Everest Base Camp, 5350m）
於卡拉波特見識到了群峰的雄偉，與此相較，基地營除了冰川外，並沒有如同在前者般，有那麼多連綿的雪山風景可看。由於太過接近的關係，由這個欲登頂者所聚集的入口處事實上是看不到聖母峰的。

我想到已過世十多年的爺爺。

喜愛閱讀的爺爺過去受日本教育，書櫃裡全是日文書。他在我念初中時過世，我只知道他喜歡登山以及閱讀。我檳城時我曾為了探望病重的奶奶，中斷旅行回台，當時與姑姑聊天，才知道爺爺過去幾乎登遍了台灣百岳。我對登山並無特殊的偏好，過去也從未有任何相關經驗，卻陰錯陽差地，第一次經驗就碰到了喜馬拉雅山。

在奶奶仍困於病榻之時，我回到喜馬拉雅山，覺得自己似乎與過世的爺爺建立了某種無言的聯繫，做著相同的事情，登山、健行。雖然並不明瞭我為什麼要走這一段路，但是抵達了空空蕩蕩的基地營時，我覺得自己其實不是為了女神而來，倒像是為了自己久遠的過去，那個被遺忘的、我成長的回憶之所。過去與現在交織，好似我前幾天還領著爺爺給的零用錢買玩具，現在卻踏著比當

年的爺爺還強壯的步伐，在他從未想像過的境地中走著。由第三極——青藏高原的頂點所落下的風和細雨，在接近零度的氣溫中滴落在我的臉上，被我的體溫所融化。我想，就是在這奇風之境逆風而行的欲望，把我帶到這裡來的。旅行賦予我的任務已被完成，我感到前所未有的如釋重負，不是因為我是自由的，而是因為我是某人的孫子，有著相同的紐帶，藉由從事相同的活動，把我們從內在連結起來。

魯卡拉，班機延誤帶來的繁榮

「魯卡拉是由於頻繁的班機延誤或取消而繁榮起來的」，我絕望地想著。在旺季時，只要有一天的班機取消，五十架次的所有遊客，就會被迫在這個也許不及曼谷機場購物走道長的小鎮停留、消費，這對居民是一筆巨大的收入。而在淡季（雨季）時，連續性的班機取消，也幾乎把健行者留在此處至少三天到一個禮拜。以時間彌補遊客人數不足而達到高收益的這座小鎮，有為數眾多的連鎖咖啡館，使此處更傾向於一個雪巴版本的阿爾卑斯山度假勝地。

我在這裡延遲了「僅僅」三天。這三天，我固定步行前往機場，等待是否有班機出發，然後再失望地沿著小鎮唯一一條大街，走回 Tara Air 的辦公室，把機票日期改成明天。我詢問能否把 Tara Air 的機票改成 Yeti Air 的（兩家其實是同一家），因為看起來班次好像比較多。

服務人員幸災樂禍地說：「那你去搭 Sita（另一家航空公司）啊。他們今天有架班機成功出發了。哎呀，耐心等候吧，明天就輪到你了。」

次日，果然有連續三個架次的 Tara Air 從魯卡拉機場直上雲霄。可惜，全都是為了載送從歐洲來此看似校外教學或童軍健行活動的青少年們。

歐美竟有如此豪華的遠足行程，要是台灣的童軍團有這種活動，我想我會參加到八十歲吧。看著這群蹦蹦跳跳的青少年，今早剛浩浩蕩蕩下山就大剌剌地「奪走」了機位，而我已經花了三天，不知喝了多少的「Chang」（喜馬拉雅山區雪巴人的一種麥酒）一邊等待。不用說，這些沿著全程安排好的行程「成功挑戰」基地營的青少年們，表情在挑戰成功的興高采烈，和假裝漫不在乎的裝酷兩種極端之間擺盪。看著他們魚貫登機的我，強忍著撕碎手中機票的衝動，伴隨著一種「人生啊，他們在年紀只有你一半時，已經以夏令營的心情，輕鬆完成了你放棄許多事物而認真完成的目標，而且一回來就有機位可坐（這才是重點）」的心情，唉，看到自己的旅行經驗只是別人的夏令營（而且，他們的暑假才剛開始），我還能怎麼做呢？

繼續等啊。不然怎麼辦？

Lukla 2860 m

15,043 km

13,669 km

III
尾聲

旅行中的音樂

Eleven 曾帶著「有沒有搞錯」的質疑神情對我說：「旅行中還聽什麼音樂？都已經到了國外，音樂什麼時候都可以聽，但是感受旅行的純粹體驗，錯過了就沒有了啊！」

雖然如此，我還是很難輕易放下耳機，在車上，在路上，在等待搭機時。

或許說這話會顯得自誇。但若沒經歷過長時間的旅行和移動，就難以理解為何背包客們（不，或許這只是我個人的惡習吧）如此需要網路及音樂，來中和感官的疲乏。

當然美景與嶄新的經驗永遠刺激。然而，在長時間的火車、巴士、渡輪或徒步間，以及午後的無所事事、百無聊賴等待之時，旅行的倦怠感便會來到——因為旅行本身也會一如日常疲乏。這時，我們就需要再一次以日常事物讓旅行重新活化，喚回所謂「旅行的氣氛」。

再回到音樂。旅行中所挑選的音樂，若沒有在出發前就充分考慮整理的話，就無法成為「調味料」的角色。像是撒在義大利麵上的起士粉、加在炸蚵仔上的胡椒鹽一般，在旅行中聆聽適合的音樂，會讓原本旅行中枯燥、等待的時間隨著音符流動，成為國畫中氣韻生動的空間。

我在德里—阿格拉間的晨間火車上，聽著 Ali Akbar Khan 的專輯「Legacy」；在孟買柯拉巴區，聽著節奏快速的《幻影車神 2》（*Dhoom2*）的主題曲；在夕陽下的胡馬庫陵，聽著Nusrat Fateh Ali Khan的專輯「Mustt Mustt」；在瓦拉那西的台階上，聽著Philip Grass為生活三部曲《天地乾坤》（*Powaqatsi*）所做的配樂；在吹著海風的芽莊，聽久保田利伸的「Time to Share」專輯中的〈Hope You' ll Be Well〉；通往龍目島的渡輪上，聽著George Fenton為「BBC Blue Planet」所譜的交響樂；在夕陽下的烏魯瓦圖，聽著黑人女歌手Havana的「Life : Living In Fearless Emotion」；在倫比尼－波卡拉的巴士上，聽Pat Matheny的「Still Life（Talking）」；在羅布切的冰河旁聽Charles Lloyd的「Canto」；於通往Dakshinkali的路上，聽著Jan Garbarek的「Ragas & Sagas」……

我可以想像，許多人可能會對於這些過度私人的事物分享感到不耐，但這些看似無關聯的音樂分享下的所有瑣碎片段，在特定地方尋找特定音樂與其搭配的行為，卻是對於以照片做為獨斷定義旅行的唯一方式之外的，另一種記憶方式。

旅行原就是將自我隔離於熟悉世界之外。而在旅行中聽音樂，則又將自己從旅行中的熟悉，再一次地隔離。

血祭迦梨女神，生命之輕重？

短短十五公里的距離，竟要開二個小時的山路！祭拜迦梨女神（Dakshinkali，濕婆配偶帕瓦娣的另一個化身，以嗜血著名）的神廟，位於加德滿都谷地中的低處，地形的配置如同其所代表的：黑暗及殺戮之力，其所在必也隱密。確實，這半年來在我走過的所有地方，還沒有一個地方像這裡一樣，從我進來到離開，看不到半個白人觀光客（在亞洲旅行，這簡直是不可想像的事）。

此處的殺戮，是如同日常營生般，熟練的廟方（屠宰者）一刀斷掉家禽的頭部，然後握住尚在扭動的身軀一會兒，最後連同頭部及身體，如同垃圾般丟棄在一邊。這似乎很像迦梨女神喜好的方式——輕賤生命、默不關心，就連生命的軀體本身，都可以似乎以不再利用的形式浪費（事實上並沒有浪費，大概是因為「處理」的數量多了，所以必須暫時「放置」在一邊）。每次看到這樣的畫面，總令我自問：我是誰？為何這些生命被如此對待而我沒有？若以保護動物組織的觀點看來，這些事情肯定是不應繼續存在的，但為何當我看到時，心中卻仍然認為有其維繫之必要？動物與人類的生命是否有本質上的區別？如果沒有的話，那是不是應該捨棄肉食？或許，不應以血祭「惡」神？

所有的問題，都指向我們觀看者本身是否麻木。不問問題的人，也就是對於這個世界上所發生的一切，都覺得理所當然的人，對他們來說，沒出過國，或者去過一百個國家，是無關緊要的。

我想到克里希那穆提的「理智的憤怒」。但不是對血祭本身，而是對於太輕易給出評斷的我們，觀光客們。

Dakshinkali

15,043 km

13,691 km

沉重的負載

搭上前往泰國的班機，回到更熟悉一點的世界，同時，也吐露出旅程即將結束的訊息。

這是曼谷。聚集了全世界觀光客的這座城市，從未令我感覺以新奇刺激取勝。大皇宮、臥佛寺、鄭王廟，或者金湯普森之家，你一生中只會去一次。但是，你將會住遍考山路的每一間便宜旅社，直到你找到那最棒的，或者最多回憶的一間。你將會無數次地穿梭在昭披耶河，以及通往市中心、充滿濃濃水溝味的狹窄水道。你將會花費好幾個整天或半天在札都甲假日市集，搜尋潮T、古地圖、鍋碗瓢盆、軍用雨衣；你也肯定會搭空鐵直下暹羅（Siam）站，逛遍接近National Stadium的MBK、暹羅百麗宮（Siam Paragon）、Central World、Zen、Erawan的四面佛，一直到Emporium百貨公司六樓的TCDC。你會去席隆（SiLom）逛夜市，也會漫步在有如在曼谷南青山般的蘇坤蔚路上所有藝廊和小店，那是台灣獨立設計師難以企及的蓬勃興盛。

在這裡，你可以坐在路邊喝啤酒，看到同志們大方手拉手，或是像我看到的百貨公司女店員對另一個「她」發出的男聲大感驚訝，而我喜歡這種驚訝。曼谷不是旅行之所，曼谷是旅人的另一個家：而我們所有人，都是泰國人。

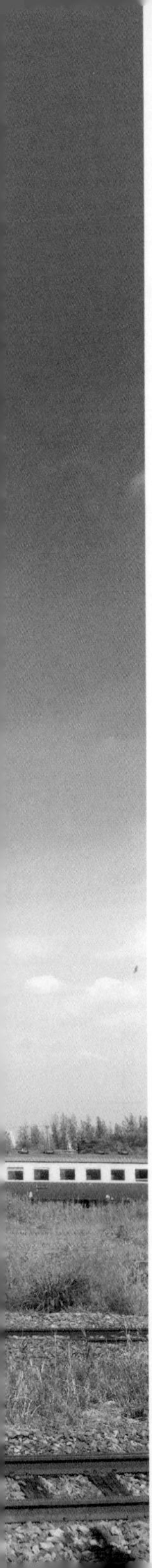

鐵軌、燈號與天空。由曼谷搭乘臥鋪火車前往馬來西亞。

所有伴隨著旅行而到臨的機會，因旅行結束而結束，這一切似乎合情合理，但在概括承受的同時，我的精力與旅行的熱情於此同時，似乎也被吸盡了。

不想在曼谷繼續等待，至少不想靜止地等待的我，決定再度移動。火車緩緩從華南蓬車站駛出，二十三小時的距離，跨越國境，開往位於馬來西亞境內的Butterworth，離檳城只有一橋之隔的城鎮。

動彈不得。不是因為不想離開豐富多元的東南亞首都曼谷，而是因為生命中種種擦肩而過的相遇，這沉重的負載令我動彈不得。

也許，是為解決一個未解決的懸念，或者對我而言，是發生在美麗的異地風景下的愛情。這個我在印度時完全無法想像的挑戰，硬生生地被夾在令人心胸開闊的旅行，與令人神經緊繃的回台求職之間，好像一個輕蔑的冷笑，告訴我，你以前沒有掌握到的美好人生，這次也不會有。就算知道這樣的想法沒有根據，但旅行尚未結束前，關於旅行以外的任何事物，都無能為力解決。半夢半醒地躺在夜行列車的臥鋪上，迷濛中，所有在旅行發生的交會片段，由電視牆、LED燈、霓虹看板，二十四小時播放於紐約時代廣場——世界的十字路口上。自己就站在七大道和百老匯交叉口中央。變幻的燈號與車輛、人群依舊，然而一片寂靜。沒有聲音。

這段期間，我遇見剛開始旅行時所無法想像的，六百分之一的豔遇，愛情的機會。

女主角並未隨我一起旅行，所以我們只能以社群網站或網路電話聯繫。短短的時間裡，我們見了面、熱線、相戀而又分開。最終，我還是搞砸了，在旅行即將結束之前。

自旅行以來，第一次痛恨移動，第一次不為景物的變幻而感到興奮雀躍，第一次希望能夠什麼都不做，只要坐著或躺著，一天過一天就好。

除了失去了的異地戀情，六個月的旅行，已長到足以令我產生倦怠了嗎？或者是因為看過聖母峰，所以對於其他的風景，已經失去了興趣？

我想到小說《挪威的森林》中的主人公渡邊因某種原因而走遍了日本，也許是為了忘卻，而我卻是為了記得這一切。

這就是為什麼，我選擇從曼谷搭乘火車到此處能直達的最遠目的地，連續乘坐二十三小時直奔上次被迫中斷旅行回台的終端，檳城。人與人因交會而後碰撞、崩落之後解離的記憶，持續在我的腦海中播放。我的頭腦發脹，毫無選擇地只能繼續想，同時繼續移動，盡可能不浪費任何力氣。必須集中精神，意識到害怕時就直視恐懼，然後筆直地朝著恐懼行去。

俗世，我回來了

檳城龍山堂的邱氏家廟，一個全是牌匾的房間。在這個匯集了家族秀異之士的牌匾所裝飾的小房間裡，我不自覺地想到撿拾各種物件來裝飾鳥巢的歸燕。而這房間裡，裝飾的物件是歷史、家族的榮耀及團結、丹斯里、甲必丹等頭銜。

族譜這種東西原來真的存在啊。讚歎地看著上溯自唐朝節度使的家族，我如釋重負地想著，旅程終於結束了。我用心地浪費六個月，陸路移動超過一萬五千公里的距離，以及相對來說微不足道的金錢，在明瞭世界的廣大及美好的事物上。

再一次，我站在時代廣場的中心，四面八方的人群、電子看板，只不過，所有的聲音又回來了。

長時間的打開感官是一件極端疲累的事情。但無論如何，既然已經打開了，就不想再闔上。六個月的時間中，感動、疲憊和挑戰，以一種極度個人的累積留在我的身體裡。一種用盡氣力的感覺向我告知，人生中的一個階段結束了。

「自己一個人旅行不困難嗎？」人們總抱持此等疑問。一點也不。困難的，是決定旅行的那一瞬間。

去年的三月三十一號。我獨自躺在紐約房間的床上，找不出原因的劇烈頭痛和胸悶。然後我想著，死前最想做什麼呢？

旅行吧。我不想什麼都沒見過就死了。我真的想，若明天還活著，我應該要過不一樣的生活。沒什麼好擔心的，我可以計畫，我可以生存，甚至在紐約也能省點小錢。因痛苦而恍惚的我，腦海中灌進來一些不規則的文句：

流浪吧。磨利你的靈與肉，打開你的 iPod。
也許，我在路上，遇見了誰，
於是，我們唱著歌，在滿溢的身體，在生命裡。

於是我出發了，我回來了。而依然庸庸碌碌的我，心裡養了一頭美洲虎。

當我回到曼谷，在旅館大廳外的酒吧想隨意寫些什麼時，一群年輕白人靠了過來。我一邊在紙上塗鴉一邊和他們聊天，大家都有著一些自信，一種無畏。坐在我旁邊的澳洲褐髮女孩，把手指插入我的頭髮裡，說：「真羨慕你有這種直髮，我一直渴望有你這樣的頭髮。黑色看來實在棒極了。」

我聞到她身上與汗味混合的淡淡香氣。這女孩一點也不醜，還很可愛。她羨慕我的黑直髮？

即使在國外待了一段時間，跟為數不少的白人接觸過。但我多少還是認為「這個世界是屬於白人的」。我從未想到白人也有可能「羨慕」我們亞洲人的模樣。與西方人相較，我們很少認為自己優秀或長得好看——我們總認為自己永遠不足、比不上別人——然而，踏上旅途後，我看到許多雖然迷惘的外國人，我瞭解到對於社會價值的迷惑與自我價值的亟需建立，並非為亞洲人所獨有。但這些形形色色卻無所畏懼的旅人，卻都擁有一個相同的特點——美麗。這不意味外表的漂亮，而是這些踏上旅途的人們，他們都已出發、追尋。而其眼中閃爍的光芒，不就是令他們看起來美麗的祕密嗎？

我望著自己。雖然失魂落魄，但是跟這澳洲女孩一樣，我們彼此欣賞對方的不同，我們看來其實都棒得不得了。

結束了六個月的旅程，我在深夜回到了台灣，得馬上趕回家，參加奶奶的葬禮。忍受著桃園機場入境大廳瑣碎囉唆又小裡小氣的裝飾風格，但我仍然戀戀不捨此處的空氣，不想太早離開。因為，離開機場之後的我，就會步入一般上班族的路徑，仰賴著一年十五天的假期配額過日子。

我想，一切都沒什麼改變。我一個人出發，一個人回來。唯一改變的事是，雖然可能無法成為旅行一輩子的勇者，但我可以把旅行放在心裡，一輩子。我心中的美洲虎再也不會被追求安穩的柵欄所囚禁，心裡一旦開闊自由，那麼，旅程對我來說，離結束也還遠得很。

後記

歸返之後

一回到台灣，就參加了奶奶的告別式。奶奶是在家中過世的。五月中飛回台灣看她時，病情在急轉直下後又穩定下來，而在返家一段時間後，奶奶便在家中平靜地過世了。

秋天，我開始上班。看起來，一切都回到原先的狀態，只是薪水變成了三分之一。偶爾，也會想起過去在美國以及旅行時的種種。但當我想起時，心裡浮現的並非「早知如此，何必當初」的悔恨，而是一種「我可以選擇」的自信和平靜。比起旅行前對環境總是有所不滿的自己，我知道自己的內心，在選擇離開、旅行之後，已經歷了一場革命。今後決定我選擇的，既不是老闆，也不會是高額的薪水，更不是對未知的恐懼。旅行所給我的，是對於「自己便是自己生命主人，全盤負責」的深刻理解。

我不時想起在寮國遇見的藏人索南，他「只是離開」，就這麼簡單，不是嗎？如果有人對自己的生命有所不滿，他可以離開，或者，若事態仍有可為，就盡一些力。

在跟朋友聊天時，也會提出對於大環境的不滿，以及可以做什麼來改善的討論，而我認為很多時候，上位者和下位者所抱持的邏輯是一樣的，前者緊抓權力，後者則抓著薪水不放，根源都是對於「不確定」的恐懼。

其實，當我放下工作、伴侶、社會壓力和經濟上的安全感，去進行一次大旅行時，就能夠以前所未有的清晰去思考我是什麼、我要什麼、我可以做什麼，而不會受到安全感或恐懼的驅使而影響了決策。我知道，我已經把內在養成了一頭老虎，但不需要時時都動用老虎那面去面對外界，這是旅行給我的收穫。

就這樣，我在日復一日的工作之中，確知了自己是有選擇的。當知道能夠選擇生活方式，而無需對任何人抱持罪惡感的時候，我也開始規劃下一場旅行，並把旅行納入未來生活中的計劃與決策。原本只想「把旅行放在心裡一輩子」的我，不知不覺也走在「能夠一輩子擁有旅行自由的勇者」的道路上了。

於是，我再度離開，走向了創業之路。這條路帶來了許多辛苦與未知，但同時在成為自己主人的道路上，我不停前進、尋找並且探尋——是的，我現在所做的事情，看起來就像是「旅行」，而旅行就是有這種魔力。有過這段經驗後，我瞭解人生本就是一場旅行，而現在的我更曉得要珍惜時間和生活，畢竟我的身體，是這唯一一場旅行的唯一載具。

有時候，單純地「只是離開」，這樣的一場出走並非不負責任的表現，正好相反，這是渴望對自己生命負起全責的人更會做的事。若你極度渴望卻遲遲未有行動，何不現在開始收拾行囊？

國家圖書館出版品預行編目資料

行旅．在深邃亞細亞：穿越國境．一萬五千公里的孤獨歸旅 /
鐘偉倫著 -- 初版 . -- 臺北市 : 日月文化, 2015.08
256 面 ; 14.7*21 公分 . --（探索紀行）
ISBN 978-986-248-488-3（平裝）
1. 遊記 2. 亞洲
730.9　　104011643

探索紀行 24

行旅，在深邃亞細亞：穿越國境，一萬五千公里的孤獨歸旅

作　　者：鐘偉倫
主　　編：俞聖柔
責任編輯：俞聖柔、張召儀
視覺設計：沙海潛行設計事務研究所

發 行 人：洪祺祥
總 編 輯：林慧美
副總編輯：謝美玲
法律顧問：建大法律事務所
財務顧問：高威會計師事務所

出　　版：日月文化出版股份有限公司
製　　作：山岳文化
地　　址：台北市信義路三段 151 號 8 樓
電　　話：(02)27085509　傳　　真：(02)2708-6157
客服信箱：service@heliopolis.com.tw
網　　址：http://www.heliopolis.com.tw
郵撥帳號：19716071 日月文化出版股份有限公司

總 經 銷：聯合發行股份有限公司
電　　話：(02)2917-8022　傳　　真：(02)2915-7212
印　　刷：禾耕彩色印刷事業有限公司
初　　版：2015 年 8 月
定　　價：320 元
I S B N：978-986-248-488-3